KB044981

매일 1장 영어 쓰기 습관 100일의 기적

Advanced

S 시원스쿨닷컴

매일 1장 영어 쓰기 습관
100일의 기적 Advanced

초판 2쇄 발행 2024년 10월 2일

지은이 시원스쿨
펴낸곳 (주)에스제이더블유인터내셔널
펴낸이 양홍걸 이시원

홈페이지 www.siwonschool.com
주소 서울시 영등포구 영신로 166 시원스쿨
교재 구입 문의 02)2014-8151
고객센터 02)6409-0878

ISBN 979-11-6150-690-6
Number 1-120101-17171700-09

수년간
영어를 공부하고도
여전히 영어를 못한다고 느낀다면

지금 넘기는 이 첫 페이지가
당신의 가장 훌륭한 선택 중
하나가 될 것입니다.

매일 1장 100일

100일

영어 쓰기 습관의
놀라운 기적

Practice
makes
perfect.

연습이
완벽을
만든다.

u. Love isn't something you find. Love is something that fi...

gives you strength, while loving someone deeply gives you courage. Being dee...

...ing someone. We accept the love we think we deserve. Lov...

...e hated for what you are" than to be loved for what you are not.

...o knows all about you and still loves you. A friend is somea...

...s that condition in which the happiness of another person is essential

운전을 책만 읽고 할 수 있을까요?
악셀, 브레이크, 핸들을 어떻게 조작하는지
책만 읽고 마스터하면 갑자기 운전의 고수가 될까요? 아닙니다.
'내가 직접 운전을 해 봐야' 실력이 늡니다.

영어도 마찬가지입니다.
문법, 원어민이 자주 쓰는 단어와 표현들을
책만 읽고 머릿속에 다 넣으면 갑자기 영어를 잘하게 될까요? 아닙니다.
'그렇게 배운 영어를 직접 써 봐야' 실력이 늡니다.

유학 없이 배운 영어를 써 볼 수 있는
가장 가성비 좋은 학습법이 바로 '쓰기'입니다.
핵심 문장 100개와 나만의 문장 200개를 직접 쓰고 말하는
매일 1장 100일의 영어 쓰기 습관은
여러분을 더 이상 영어에 실패하지 않고
반드시 성공하게 만들어 줄 것입니다.

책의 구성 & 활용법

1 필기하기 편하도록 스프링 제본 방식으로 제작된 교재

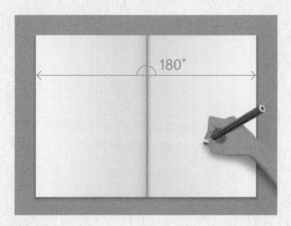

본 교재는 필기를 편안하게 할 수 있도록 교재를 평평하게 펼쳐서 꾹꾹 눌러도 책이 파손되지 않고 필기를 안정적으로 할 수 있는 스프링 제본 방식으로 제작되었습니다. 또한 필기를 항상 '우측'에서 하기 때문에 대부분의 학습자에게 필기가 더욱 편안합니다.

2 학습 시작 전 기초 배경 지식 학습하기

본격적인 학습을 시작하기 전 '[Preparation] 기본기 다지기' 섹션에서 Advanced 영어 문장 쓰기에 필요한 '네이티브식 덩어리 표현, 추임새, 말투, 이디엄' 등에 대한 배경 지식을 간단히 학습합니다. 이에 대한 이해가 명확히 되어 있어야 Advanced 영문 쓰기 학습을 원활히 진행할 수 있습니다.

3 매일 1개씩 100일간 100개의 핵심 문장 & 네이티브식 표현 학습

준비 학습을 끝낸 후 '[Chapter 01~10] 매일 1장 100일 영어 쓰기 학습'을 본격적으로 시작합니다. 매일의 쓰기 학습은 아래와 같이 '(1) 그날의 핵심 문장 파악 → (2) 문장 내 핵심 표현+문장 구조+어휘' 학습부터 시작합니다.

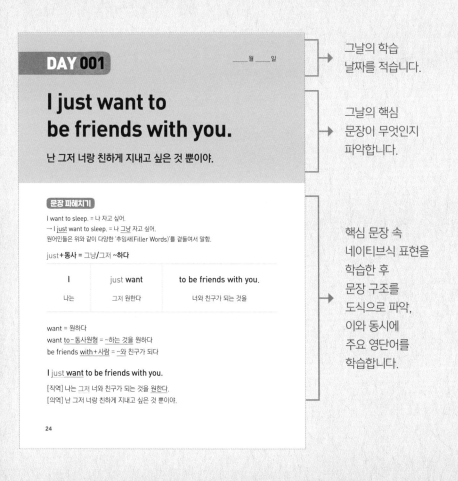

DAY 001

___월 ___일

I just want to be friends with you.

난 그저 너랑 친하게 지내고 싶은 것 뿐이야.

문장 파헤치기

I want to sleep. = 나 자고 싶어.
→ I just want to sleep. = 나 그냥 자고 싶어.
원어민들은 위와 같이 다양한 '추임새(Filler Words)'를 곁들여서 말함.

just+동사 = 그냥/그저 ~하다

I	just want	to be friends with you.
나는	그저 원한다	너와 친구가 되는 것을

want = 원하다
want to-동사원형 = ~하는 것을 원하다
be friends with+사람 = ~와 친구가 되다

I just want to be friends with you.

[직역] 나는 그저 너와 친구가 되는 것을 원한다.
[의역] 난 그저 너랑 친하게 지내고 싶은 것 뿐이야.

24

그날의 학습 날짜를 적습니다.

그날의 핵심 문장이 무엇인지 파악합니다.

핵심 문장 속 네이티브식 표현을 학습한 후 문장 구조를 도식으로 파악, 이와 동시에 주요 영단어를 학습합니다.

4 매일 1장씩 100일간 300개 이상의 영어 문장 쓰기 훈련

그날의 핵심 문장 속에 녹아 있는 '필수 표현, 문장 구조, 어휘'를 학습한 뒤엔 핵심 문장과 응용 문장을 직접 써 보고 마지막엔 모든 문장을 듣고 말하는 연습까지 해 봅니다. 영어 쓰기는 아래와 같은 흐름으로 진행하시면 됩니다.

문장 3번 따라 쓰기

→ 핵심 문장 1개를 3번씩 따라서 써 봅니다.

영작해서 2번씩 쓰기

① 난 그냥 무슨 일이 일어났는지 알고 싶은 것 뿐이야.

힌트 know what+동사 = 무엇이[무슨 일이] ~하는지 알다 / happen = 일어나다

② 난 그저 그런 일이 다신 일어나지 않길 바랄 뿐이야.

힌트 I hope that+문장 = 나는 ~이길 바란다 / don't/doesn't+동사원형 = ~하지 않다

→ 배운 내용을 활용해 스스로 한글 문장 2개를 영작하여 각 2번씩 총 4번을 써 봅니다.

나만의 문장 써 보기

→ 나만의 문장도 1개 이상 만들어 직접 써 봅니다.

듣고 따라 말해 보기

영작 모범 답안

MP3_001

① I just want to know what happened.

② I just hope that it doesn't happen again.

→ QR코드를 찍어서 문장들의 음원을 듣고 따라 말하는 연습도 해 봅니다.

25

5 일일 학습 체크 일지 & 핵심 표현 총정리

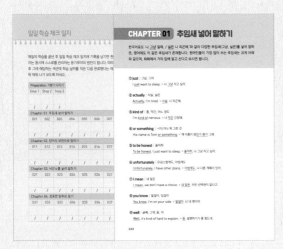

독학은 '공부 습관 관리'를 스스로 하는 것이 매우 중요합니다. 따라서 매일의 학습을 끝낸 후엔 교재 앞쪽 '일일 학습 체크 일지'에 학습 날짜를 기재한 뒤 학습을 완료했다는 체크 표시(O)를 꼭 하시기 바랍니다. 그리고 책 한 권의 학습을 끝낸 후엔 '핵심 표현 총정리' 섹션을 보며 지금까지 배운 내용을 복습합니다.

6 체계적인 3단계 수준별 매일 1장 영어 쓰기 학습 시리즈

'매일 1장 영어 쓰기 습관 100일의 기적'은 'Basic-Intermediate-Advanced'의 3단계 레벨을 따라가며 공부할 수 있는 시리즈 도서입니다. 본 교재는 'Advanced'에 해당합니다.

Basic	기초 영문법 마스터 & 초급 문장 100+200개 쓰기 (기본 문형, 필수 시제, to부정사, 의문사 등 기초 영문법 학습)
Intermediate	고난도 영문법 마스터 & 중급 문장 100+200개 쓰기 (수동태, 완료 시제, 관계사절 등 고난도 영문법 학습)
Advanced	네이티브식 영어 표현 학습 & 상급 문장 100+200개 쓰기 (네이티브처럼 매끄럽게 말하는 표현 확장 학습)

목차

일일 학습 체크 일지

매일의 학습을 끝낸 후 일일 학습 체크 일지에 기록을 남기면 뭔가를 성취했다는 뿌듯함을 느끼는 동시에 스스로를 관리하는 동기부여의 원천이 됩니다. 따라서 매일 1장 쓰기 학습을 끝낸 후 그에 해당하는 섹션에 학습 날짜를 적은 다음 완료했다는 체크 표시(O)를 하며 일지를 꽉꽉 채워 나가 보도록 하세요.

Preparation. 기본기 다지기		
Step 1	Step 2	Step 3
/	/	/

Practice makes perfect.

Chapter 01. 추임새 넣어 말하기									
001	002	003	004	005	006	007	008	009	010
/	/	/	/	/	/	/	/	/	/

Chapter 02. 덩어리 표현으로 말하기									
011	012	013	014	015	016	017	018	019	020
/	/	/	/	/	/	/	/	/	/

Chapter 03. 뉘앙스를 살려 말하기									
021	022	023	024	025	026	027	028	029	030
/	/	/	/	/	/	/	/	/	/

Chapter 04. 정중한 말투로 묻기									
031	032	033	034	035	036	037	038	039	040
/	/	/	/	/	/	/	/	/	/

Chapter 05. 에둘러 의견 말하기

041	042	043	044	045	046	047	048	049	050
/	/	/	/	/	/	/	/	/	/

Chapter 06. 강조하며 말하기

051	052	053	054	055	056	057	058	059	060
/	/	/	/	/	/	/	/	/	/

Chapter 07. 고난도 시제로 말하기

061	062	063	064	065	066	067	068	069	070
/	/	/	/	/	/	/	/	/	/

Chapter 08. 도치시켜 말하기

071	072	073	074	075	076	077	078	079	080
/	/	/	/	/	/	/	/	/	/

Chapter 09. 원어민 뺨치게 말하기 (1)

081	082	083	084	085	086	087	088	089	090
/	/	/	/	/	/	/	/	/	/

Chapter 10. 원어민 뺨치게 말하기 (2)

091	092	093	094	095	096	097	098	099	100
/	/	/	/	/	/	/	/	/	/

매일 1장

영어 쓰기습관

100일의 기적

PREPARATION

기본기 다지기

STEP 1 준비 학습 1교시

영어 문장의 구조 및 시제 등 영문법에 대한 전반적 지식이 탑재되었다면 '네이티브식 표현 학습 단계'로 넘어가야 합니다. 오늘은 그 중에서도 원어민이 빈번히 쓰는 '덩어리 표현' 및 유창성을 더하는 'Filler Words(추임새)'가 무엇인지 배워 보겠습니다.

📝 원어민이 잘 쓰는 '덩어리 표현'

I used to live there.

나는 그곳에 사는 것을 사용했다? **(X)**
나는 한때 그곳에 살았다. (O)

---

use = 사용하다 / live = 살다 / there = 그곳(에)

위 단어들의 뜻을 조합하여 문장을 직역하면 'I(나는)+used(사용했다)+to live there(그곳에 사는 것을) → 나는 그곳에 사는 것을 사용했다'와 같이 이상하게 해석될 소지가 있습니다. 하지만 이렇게 각 단어의 뜻에만 의존해 1차원적으로 해석하면 의미를 제대로 파악할 수 없습니다. 따라서 아래와 같은 '덩어리 표현'을 익혀 둬야 합니다.

used to 동사원형

= 한때(예전에) ~했다

영어에선 이처럼 단어의 뜻만 조합해서는 해석이 불가한 다양한 '덩어리 표현'들이 존재하기 때문에 앞으로는 단순 단어 암기에서 벗어나 다양한 '덩어리 표현'들까지 익혀야 원어민처럼 유창하고 매끄럽게 말할 수 있습니다.

Actually, I used to live there.

실은, 나 한때 그곳에 살았어.

한국말을 할 때 우리는 아래와 같이 '추임새(주황색 부분)'를 넣어 말합니다.

실은, 나 너한테 할 말 있어.
그게, 일이 잘 안 풀렸어.

만약 우리가 어떤 외국인을 만났는데 그 외국인이 위와 같은 추임새를 넣어 한국말을 하면 '와, 한국 말 진짜 잘한다'라고 느낄 것입니다. 영어도 마찬가지입니다. 위와 같은 추임새, 즉 'Filler Words'를 넣어 말하면 같은 말도 훨씬 유창하게 한다고 느껴집니다. 따라서 초중급 수준에서 상급 수준으로 뛰어오르기 위한 또 한 가지 포인트는 바로 상황과 문맥에 맞는 적절한 'Filler Words(추임새)'를 사용하는 것입니다.

📑 연습해 보기

① 실은, 나 예전엔 비 오는 날을 싫어했어.

○

힌트 hate = 싫어하다 / rainy day = 비 오는 날

② 실은, 나 예전엔 어두운 게 무서웠어.

○

힌트 be afraid of 명사 = ~이 무섭다(두렵다) / dark = 어둠

모범 답안
① Actually, I used to hate rainy days.
② Actually, I used to be afraid of the dark.

STEP 2 | 준비 학습 2교시

한국어로 친구에게 인사할 땐 '안녕', 윗사람에게 인사할 땐 '안녕하세요'라고 하듯이 영어에서도 상황에 따라 표현을 달리 쓰는 경우가 있고 같은 말도 완곡하게 표현해야 할 때가 있습니다. 오늘은 이 같은 영어 '말투'에 대해 배워 보겠습니다.

📋 '상황에 맞는 표현'의 사용

Sit down.

앉아.

Please, take a seat.

자, 앉으세요.

위 두 문장은 상대방에게 앉을 것을 요구하는, 기본적으로 '같은 의미'를 지닌 문장들입니다. 특히 첫 번째 문장인 'Sit down'은 한국인들에게 매우 익숙한 표현일 텐데요. 하지만 두 문장 사이엔 아래와 같은 차이점이 존재합니다.

Sit down. → 명령조로 지시하는 느낌

Please, take a seat. → 정중하게 권하는 느낌

따라서 집에 초대한 손님에게 앉으라고 권할 경우, 혹은 업무 미팅을 갖는 자리에서 참석자들에게 착석하라고 말할 경우 반드시 두 번째 문장 'Please, take a seat'을 써서 말해야 합니다. 초중급 수준에서 상급 수준으로 뛰어오를 수 있는 또 한 가지 포인트가 바로 이와 같이 '상황에 맞는 뉘앙스의 표현'을 구사하는 것입니다.

Would you mind if I ~?

~해도 될까요(괜찮을까요)?

상황 하나를 가정해 보겠습니다. 타인들과 같이 있는 상황에서 창문을 열고 싶을 경우, 여러분은 아래의 두 문장 중 어떤 문장을 써서 말하고 싶으신 가요?

I want to open the window. = 나 창문 열고 싶어요.
Would you mind if I opened the window? = 창문 좀 열어도 될까요?

첫 번째 문장도 틀린 것은 아니지만, 대부분 두 번째 문장을 택할 것입니다. 첫 번째 문장은 '직설적인 말투'로 의미를 전달하지만 두 번째 문장은 '예의 바른 완곡한 말투'로 양해를 구하고 있기 때문이죠. 이처럼 '완곡한 말투'로 영어를 구사하는 것은 초중급 수준에서 상급 수준으로 가는 또 다른 핵심 포인트라 할 수 있습니다.

📝 연습해 보기

① 만나 뵙게 되어 반갑습니다. 자, 앉으시죠.

◎

힌트 It's nice to 동사원형 = ~해서 좋다[반갑다] / meet+사람 = ~을 만나다

② 제가 질문 하나 해도 될까요?

◎

힌트 ask 사람 a question = ~에게 질문 하나를 묻다

모범 답안
① It's nice to meet you. Please, take a seat.
② Would you mind if I asked you a question?

STEP 3 준비 학습 3교시

'간 떨어지다, 마당발이다'와 같은 표현들은 한국만의 고유한 이야기가 녹아 있는 표현입니다. 그리고 '완전 더워, 꽤 넓다'와 같이 맛깔스러운 강조 표현을 덧붙여 말하기도 하고요. 오늘은 영어에서의 고유한 표현 및 강조 표현이 무엇인지 배워 보겠습니다.

📋 원어민이 잘 쓰는 'Idiom(이디엄)'

Brown-nose

[사전적 의미] 갈색 코
[비유적 의미] 아첨꾼; 아부하다

'Idiom(이디엄)'은 단순히 단어 뜻만으로는 이해가 불가능한, 즉 그 나라의 문화와 이야기가 반영된 고유한 의미를 가진 표현입니다. 예를 들어 'Brown-nose'라는 표현이 '남의 엉덩이에 얼굴을 박고 갈색 대변이 코에 묻을 만큼 아부를 떠는 사람/행위'를 뜻하는 Idiom으로 쓰이듯이 말이죠. 또 다른 Idiom 하나를 더 살펴볼까요?

Bite the bullet

[사전적 의미] 총알을 깨물다
[비유적 의미] (꾹 참고) 이를 악 물고 하다

위 표현은 '전쟁터에서 부상당한 군인들을 치료할 때 통증을 참을 수 있도록 총알을 입에 꽉 물고 있게 하다 → (꾹 참고) 이를 악 물고 하다'와 같이 쓰이게 된 Idiom입니다. 이처럼 원어민이 입에 달고 사는 다양한 Idiom을 익히게 되면 두말할 것도 없이 영어 실력이 상급 수준으로 껑충 뛰게 되겠죠?

He is such a brown-nose.

그 사람 완전 아첨꾼이야.

한국어로도 '그 사람 완전 멋있어, 그거 꽤 좋은 생각인데?'와 같이 다양한 강조 표현을 덧붙여 말하듯이, 영어에서도 'such 명사 = 정말이지[완전] ~인 것, pretty 형용사 = 꽤 ~한'과 같이 다양한 강조 표현을 덧붙여서 말합니다. 이런 표현까지 쓸 줄 알면 훨씬 더 유창하게 말한다고 느껴지겠죠?

A brown-nose = 아첨꾼
→ Such a brown-nose = 완전 아첨꾼
Good = 좋은, 괜찮은
→ Pretty good = 꽤 좋은, 꽤 괜찮은

📋 연습해 보기

① 그분(여자)은 정말이지 아름다운 목소리를 지녔어.

○ _____

힌트 have[has]+명사 = ~을 가지다[지니다] / beautiful voice = 아름다운 목소리

② 사실, 그거 꽤 괜찮은 계획인 것 같아.

○ _____

힌트 It sounds like 명사. = ~인 것 같다. / plan = 계획

모범 답안
① She has such a beautiful voice.
② Actually, it sounds like a pretty good plan.

매일 1장

영어 쓰기 습관

100일의 기적

CHAPTER 01

추임새 넣어 말하기

001 I just want to be friends with you.

002 I'm just trying to understand you.

003 Actually, we've met once before.

004 Actually, I'm kind of busy right now.

005 Can I get you a cup of coffee or something?

006 To be honest, I just want to stay home.

007 Unfortunately, I have other plans tonight.

008 I mean, we don't have much of a choice.

009 You know, everything happens for a reason.

010 Well, you know, it's kind of hard to explain.

DAY 001

I just want to be friends with you.

난 그저 너랑 친하게 지내고 싶은 것 뿐이야.

문장 파헤치기

I want to sleep. = 나 자고 싶어.
→ I just want to sleep. = 나 그냥 자고 싶어.
원어민들은 위와 같이 다양한 '추임새(Filler Words)'를 곁들여서 말함.

just+동사 = 그냥/그저 ~하다

I	just want	to be friends with you.
나는	그저 원한다	너와 친구가 되는 것을

want = 원하다
want to-동사원형 = ~하는 것을 원하다
be friends with+사람 = ~와 친구가 되다

I just want to be friends with you.

[직역] 나는 그저 너와 친구가 되는 것을 원한다.
[의역] 난 그저 너랑 친하게 지내고 싶은 것 뿐이야.

문장 3번 따라 쓰기

- ○
- ○
- ○

영작해서 2번씩 쓰기

① 난 그냥 무슨 일이 일어났는지 알고 싶은 것 뿐이야.

- ○
- ○

힌트 know what+동사 = 무엇이[무슨 일이] ~하는지 알다 / happen = 일어나다

② 난 그저 그런 일이 다신 일어나지 않길 바랄 뿐이야.

- ○
- ○

힌트 I hope that+문장 = 나는 ~이길 바란다 / don't/doesn't+동사원형 = ~하지 않다

나만의 문장 써 보기

- ○
- ○
- ○

듣고 따라 말해 보기

영작 모범 답안

① I just want to know what happened.

② I just hope that it doesn't happen again.

I'm just trying to understand you.

난 그냥 널 이해해 보려고 노력 중이야.

문장 파헤치기

문장 내에서 'just'의 위치는 크게 아래와 같음.

just+동사 = 그냥/그저 ~하다
just+형용사 = 그냥/그저 ~한
be동사+just+동사원형-ing = 그냥/그저 ~하는 중이다

I	am just trying	to understand you.
나는	그냥 노력하는 중이다	너를 이해하기 위해

try = 노력하다
try to-동사원형 = ~하기 위해 노력하다
understand = 이해하다

I'm just trying to understand you.

[직역] 나는 그냥 너를 이해하기 위해 노력하는 중이다.
[의역] 난 그냥 널 이해해 보려고 노력 중이야.

문장 3번 따라 쓰기

○

○

○

영작해서 2번씩 쓰기

① 난 그냥 우리가 다 같이 있어서 너무 행복해.

○

○

힌트 I'm so happy that+문장. = 나는 ~라서 너무 행복하다. / all together = 다 같이 (있는)

② 괜찮아요, 고맙습니다. 그냥 둘러보고 있는 중이에요.

○

○

힌트 I'm good, thank you. = 괜찮아요, 고맙습니다. / look around = 둘러보다

나만의 문장 써 보기

○

○

○

듣고 따라 말해 보기

영작 모범 답안

① I'm just so happy that we are all together.

② I'm good, thank you. I'm just looking around.

Actually, we've met once before.

실은, 우리 전에 한 번 만난 적 있어요.

문장 파헤치기

'actually'는 '사실/실은 ~이다'와 같이
문장 앞에 붙여서 내용을 강조할 때 쓰는 추임새.

Actually, 문장. = 사실/실은, ~이다.

Actually,	we	have met	once before.
실은,	우리는	만난 적이 있다	예전에 한 번

meet = 만나다 → [p.p.] met
have p.p. = ~한 적이 있다
have met = 만난 적이 있다
once = 한 번 / before = (예)전에

Actually, we've met once before.

[직역] 실은, 우리는 예전에 한 번 만난 적이 있다.
[의역] 실은, 우리 전에 한 번 만난 적 있어요.

문장 3번 따라 쓰기

○

○

○

영작해서 2번씩 쓰기

① 사실, 나 그 영화 이미 봤어.

○

○

힌트 have <u>already</u> p.p. = 이미 ~한 상태이다 / see = 보다 → [p.p.] seen

② 실은, 나 어제 이후로 아무것도 못 먹었어.

○

○

힌트 haven't p.p. = ~하지 못한 상태이다 / eat = 먹다 → [p.p.] eaten / since+시점 = ~이후로

나만의 문장 써 보기

○

○

○

듣고 따라 말해 보기

영작 모범 답안

① Actually, I've already seen that movie.

② Actually, I haven't eaten anything since yesterday.

DAY 004

Actually, I'm kind of busy right now.

사실, 내가 지금 좀 바빠.

문장 파헤치기

'kind of'는 '나 약간 배고파, 걔 좀 이상해'와 같이
'좀, 약간, 어느 정도'라는 뜻의 추임새로 사용.

kind of + **형용사** = 좀/약간/어느 정도 ~**한**
kind of + **동사** = 좀/약간/어느 정도 ~**하다**

Actually,	I	am kind of busy	right now.
사실,	나는	좀 바쁘다	지금

busy = 바쁜
kind of busy = 좀[약간] 바쁜
right now = 지금

Actually, I'm kind of busy right now.

[직역] 사실, 나는 지금 좀 바쁘다.
[의역] 사실, 내가 지금 좀 바빠.

문장 3번 따라 쓰기

○

○

○

영작해서 2번씩 쓰기

① 사실, 그 점에 있어선 네 말에 어느 정도 동의해.

○

○

힌트 agree with+사람 = ~의 말에 동의하다 / on that point = 그 점에 있어서

② 전에 그분(남자)을 만나 뵌 적이 없어서 약간 긴장되네요.

○

○

힌트 nervous = 긴장한 / have never p.p. = ~한 적이 없다

나만의 문장 써 보기

○

○

○

듣고 따라 말해 보기

① Actually, I kind of agree with you on that point.

② I'm kind of nervous because I've never met him before.

Can I get you a cup of coffee or something?

커피나 뭐 그런 것 좀 드릴까요?

문장 파헤치기

'왜 XXX나 뭐 그런 거 있잖아'와 같이 '~(이)나 뭐 그런 거'라고
덧붙여서 말할 땐 'or something'이라는 추임새를 사용.

명사 or something = ~(이)나 뭐 그런 것
형용사 or something = ~하거나 뭐 그런

Can I get you	a cup of coffee	or something?
갖다 드릴까요?	커피 한 잔	이나 뭐 그런 걸

Can I get you 음식/음료? = ~을 갖다 드릴까요?
a cup of 음료 = ~(라는 음료의) 한 잔
a cup of coffee = 커피 한 잔

Can I get you a cup of coffee or something?

[직역] 커피 한 잔이나 뭐 그런 걸 갖다 드릴까요?
[의역] 커피나 뭐 그런 것 좀 드릴까요?

문장 3번 따라 쓰기

◦

◦

◦

영작해서 2번씩 쓰기

① 내 생각에 걔(남자) 이름이 케빈인가 뭔가였어.

◦

◦

힌트 I think 문장. = 내 생각에 ~이다. / his name = 그의 이름

② 너 아프거나 뭐 그런 거야? 너 굉장히 처져 보여.

◦

◦

힌트 sick = 아픈 / look+형용사 = ~해 보이다 / down = 침울한, 처진

나만의 문장 써 보기

◦

◦

◦

듣고 따라 말해 보기

영작 모범 답안

① I think his name was Kevin or something.

② Are you sick or something? You look so down.

To be honest, I just want to stay home.

솔직히, 나 그냥 집에 있고 싶어.

문장 파헤치기

'to be honest'는 말하려는 내용의 진정성을 강조하기 위해
'솔직히, ~이다'와 같이 말문을 열 때 쓰는 추임새.

To be honest, 문장. = 솔직히, ~이다.

To be honest,	I	just want	to stay home.
솔직히,	나는	그냥 원한다	집에 있는 것을

want = 원하다
want to-동사원형 = ~하는 것을 원하다
stay = 머물다, 있다
stay home = 집에 머물다[있다]

To be honest, I just want to stay home.

[직역] 솔직히, 나는 그냥 집에 있는 것을 원한다.
[의역] 솔직히, 나 그냥 집에 있고 싶어.

문장 3번 따라 쓰기

영작해서 2번씩 쓰기

① 솔직히, 나 그거 그렇게 신경 안 쓰여.

힌트 I don't really 동사. = 나는 별로[그렇게] ~하지 않다. / care about+명사 = ~을 신경 쓰다

② 솔직히, 나 내가 뭘 해야 할지 모르겠어.

힌트 know what I should do = 내가 무엇을 해야 하는지 알다

나만의 문장 써 보기

듣고 따라 말해 보기

영작 모범 답안

① To be honest, I don't really care about that.

② To be honest, I don't know what I should do.

DAY 007

Unfortunately, I have other plans tonight.

아쉽게도, 제가 오늘 밤 다른 약속이 있어서요.

문장 파헤치기

'unfortunately'는 상대방이 바라는 것과 다른 것을 말할 때
'유감스럽게도/아쉽게도, ~이다'와 같이 말문을 열 때 쓰는 추임새.

Unfortunately, 문장. = 유감스럽게도/아쉽게도 ~이다.

Unfortunately,	I	have	other plans	tonight.
아쉽게도,	나는	갖고 있다	다른 계획을	오늘 밤에

plan = 계획
have plans = 계획이 있다
have other plans = 다른 계획이 있다
tonight = 오늘 밤(에)

Unfortunately, I have other plans tonight.

[직역] 아쉽게도, 나는 오늘 밤에 다른 계획을 갖고 있다.
[의역] 아쉽게도, 제가 오늘 밤 다른 약속이 있어서요.

문장 3번 따라 쓰기

○

○

○

영작해서 2번씩 쓰기

① 아쉽게도, 내가 이번 주 금요일에 시간이 안 돼.

○

○

힌트 available = 시간이 있는 / this Friday = 이번 주 금요일(에)

② 유감스럽게도, 전 회의에 참석하지 못하게 될 듯합니다.

○

○

힌트 won't be able to-동사원형 = ~할 수 없을 것이다 / attend = 참석하다 / meeting = 회의

나만의 문장 써 보기

○

○

○

듣고 따라 말해 보기

영작 모범 답안

① Unfortunately, I'm not available this Friday.

② Unfortunately, I won't be able to attend the meeting.

I mean, we don't have much of a choice.

내 말은, 우리에겐 선택의 여지가 많지 않다는 거야.

문장 파헤치기

'I mean'은 내가 하려는 말의 의도를 보다 정확히 전달하고자
'내 말은, ~라는 것이다'와 같이 말문을 열 때 쓰는 추임새.

I mean, **문장.** = 내 말은, **~라는 것이다.**

I mean,	we	don't have	much of a choice.
내 말은	우리는	갖고 있지 않다는 것이다	많은 선택권을

much of + 명사 = 많은 ~
choice = 선택(권)
much of a choice = 많은 선택(권)
don't have 명사 = ~을 갖고 있지 않다, ~이 없다

I mean, **we don't have much of a choice.**

[직역] 내 말은, 우리는 많은 선택권을 갖고 있지 않다는 것이다.
[의역] 내 말은, 우리에겐 선택의 여지가 많지 않다는 거야.

문장 3번 따라 쓰기

○

○

○

영작해서 2번씩 쓰기

① 내 말은, 우린 아무런 공통점이 없다는 거야.

○

○

힌트 anything = 무엇이든, 아무것도 / in common = 공동[공통적]으로

② 내 말은, 너 정말 이걸 하고 싶은 게 확실해?

○

○

힌트 Are you sure 문장? = ~라고 확신하나요?, ~인 게 확실한가요?

나만의 문장 써 보기

○

○

○

듣고 따라 말해 보기

영작 모범 답안

MP3_008

① I mean, we don't have anything in common.

② I mean, are you sure you want to do this?

DAY 009

You know, everything happens for a reason.

알잖아, 모든 일엔 다 이유가 있는 거야.

문장 파헤치기

'you know'는 상대방의 주의를 환기시키며 말을 꺼내기 위해
'알잖아/있잖아, ~이다'와 같이 말문을 열 때 쓰는 추임새.

You know, **문장.** = 알잖아/있잖아, ~이다.

You know,	everything	happens	for a reason.
알잖아,	모든 것은	발생한다	이유로 인해

everything = 모든 것
happen = 일어나다, 발생하다
for+명사 = ~으로 (인해)
for a reason = 이유로 인해

You know, **everything happens for a reason.**

[직역] 알잖아, 모든 것은 이유로 인해 발생한다.
[의역] 알잖아, 모든 일엔 다 이유가 있는 거야.

문장 3번 따라 쓰기

◦

◦

◦

영작해서 2번씩 쓰기

① 알잖아, 모든 것엔 다 그만의 장단점이 있는 법이야.

◦

◦

힌트 everything = 모든 것 / (its) pros and cons = (그것만의) 장단점

② 알잖아, 난 항상 네 편이라는 거.

◦

◦

힌트 always = 항상 / be on <u>your side</u> = <u>당신의 편</u>에 있다

나만의 문장 써 보기

◦

◦

◦

듣고 따라 말해 보기

MP3_009

영작 모범 답안

① You know, everything has its pros and cons.

② You know, I'm always on your side.

Well, you know, it's kind of hard to explain.

그게, 있잖아, 설명하기가 좀 어렵네.

문장 파헤치기

'well'은 말을 꺼내기에 앞서 생각할 시간을 벌거나
약간의 쉬는 타이밍을 주기 위해 쓰는 추임새.

Well, 문장. = 글쎄/그게/음/저, ~이다.

Well,	you know,	it	is kind of hard	to explain.
그게,	있잖아,	(가짜주어)	조금 어렵다	설명하는 것이

hard = 어려운, 힘든
explain = 설명하다
It is 형용사. = ~하다.
It is 형용사 to-동사원형. = ~하는 것이 ~하다.

Well, you know, it's kind of hard to explain.

[직역] 그게, 있잖아, 설명하는 것이 조금 어렵다.
[의역] 그게, 있잖아, 설명하기가 좀 어렵네.

문장 3번 따라 쓰기

○

○

○

영작해서 2번씩 쓰기

① 글쎄, 사실, 그건 너랑은 상관없는 일이야.

○

○

힌트 none of your business = 당신과 상관없는 일

② 그게, 내 말은, 옳고 그른 대답은 없다는 거야.

○

○

힌트 There is no 명사. = ~이 없다. / right or wrong answer = 옳거나 그른 대답

나만의 문장 써 보기

○

○

○

듣고 따라 말해 보기

영작 모범 답안

MP3_010

① Well, actually, that's none of your business.

② Well, I mean, there is no right or wrong answer.

매일 1장

영어 쓰기습관

100일의 기적

CHAPTER 02

덩어리 표현으로 말하기

DAY 011

I used to love rainy days.

난 예전엔 비 오는 날이 참 좋았어.

문장 파헤치기

'use'는 '사용하다'라는 뜻의 단어이지만
'use'의 과거형 'used'를 써서 'used to'라고 말하게 되면
'한때 ~(하곤) 했다'라는 뜻의 전혀 다른 의미의 덩어리 표현이 됨.

used to-**동사원형** = 한때 ~(하곤) 했다

I	used to **love**	rainy days.
나는	한때 굉장히 좋아했다	비 오는 날들을

love = 굉장히 좋아하다
used to love = 한때 굉장히 좋아했다
rainy days = 비 오는 날들

I used to **love** rainy days.

[직역] 나는 한때 비 오는 날들을 굉장히 좋아했다.
[의역] 난 예전엔 비 오는 날이 참 좋았어.

문장 3번 따라 쓰기

○

○

○

영작해서 2번씩 쓰기

① 있잖아, 내가 예전엔 딱 너 같았어.

○

○

힌트 you know = 있잖아, 알잖아 / be <u>just</u> like 사람 = 딱 ~(라는 사람)과 같다

② 글쎄, 한때 우린 서로에게 모든 걸 털어놓곤 했지.

○

○

힌트 well = 글쎄 / tell 사람 A = ~에게 A를 말하다 / each other = 서로 / everything = 모든 것

나만의 문장 써 보기

○

○

○

듣고 따라 말해 보기

영작 모범 답안

① You know, I used to be just like you.

② Well, we used to tell each other everything.

DAY 012

I'm used to doing this kind of thing.

난 이런 일을 하는 데 익숙해.

문장 파헤치기

'be used to'는 '~에 익숙하다'라는 뜻의 덩어리 표현이며
앞서 배운 'used to(~하곤 했다)'와 헷갈리지 않도록 주의.

be used to **명사/동사원형－ing** = ~에 익숙하다
be not used to **명사/동사원형－ing** = ~에 익숙하지 않다

I	am used to **doing**	**this kind of thing.**
나는	하는 것에 익숙하다	이런 종류의 일을

do = 하다
kind = 종류 / thing = 것, 일
this kind of thing = 이런 종류의 것[일]

I'm used to **doing** this kind of thing.

[직역] 나는 이런 종류의 일을 하는 것에 익숙하다.
[의역] 난 이런 일을 하는 데 익숙해.

문장 3번 따라 쓰기

- ○
- ○
- ○

영작해서 2번씩 쓰기

① 난 하이힐을 신고 걷는 게 익숙하지 않아.

- ○
- ○

힌트 walk in high heels = 하이힐을 신고 걷다

② 사실, 난 혼자 있는 게 익숙해.

- ○
- ○

힌트 alone = 혼자인 → be alone = 혼자이다

나만의 문장 써 보기

- ○
- ○
- ○

듣고 따라 말해 보기

MP3_012

영작 모범 답안

① I'm not used to walking in high heels.

② Actually, I'm used to being alone.

DAY 013

I'm getting used to working from home.

난 재택근무에 점점 익숙해지고 있어.

문장 파헤치기

'be used to'가 익숙해진 상태 그 자체를 설명하는 표현이라면
'get used to'는 익숙한 상태로 변해가는 과정을 설명하는 표현.

get used to 명사/동사원형-ing = ~에 익숙해지다

I	am getting used to **working**	**from home.**
나는	일하는 것에 익숙해지고 있는 중이다	집에서

work = 일하다
be used to working = 일하는 것에 익숙하다
get used to working = 일하는 것에 익숙해지다
work from home = 집에서 일하다 → 재택근무를 하다

I'm getting used to working from home.

[직역] 나는 집에서 일하는 것에 익숙해지고 있는 중이다.
[의역] 난 재택근무에 점점 익숙해지고 있어.

문장 3번 따라 쓰기

○

○

○

영작해서 2번씩 쓰기

① 우린 서로에게 점점 익숙해지고 있는 중이야.

○

○

힌트 each other = 서로

② 처음엔 어렵지만, 거기에 곧 익숙해지게 되실 겁니다.

○

○

힌트 hard = 힘든, 어려운 / at first = 처음에 / will <u>soon</u> 동사원형 = 곧 ~할 것이다

나만의 문장 써 보기

○

○

○

듣고 따라 말해 보기

MP3_013

① We are getting used to each other.

② It's hard at first, but you will soon get used to it.

We ended up becoming really close friends.

우린 결국 굉장히 친한 친구 사이가 됐어.

문장 파헤치기

'end'는 '끝내다'라는 뜻의 단어이지만
'end up'이라고 하면 '결국 ~하다'라는 뜻의 덩어리 표현이 됨.

end up 동사원형-ing = 결국 ~하다

We	**ended up becoming**	**really close friends.**
우리는	결국 ~가 되었다	굉장히 가까운 친구

end up → [과거형] ended / [p.p.] ended
become = ~가 되다
ended up becoming = 결국 ~가 되었다
(really) close friends = (굉장히) 가까운 친구

We ended up becoming really close friends.

[직역] 우리는 결국 굉장히 가까운 친구가 되었다.
[의역] 우린 결국 굉장히 친한 친구 사이가 됐어.

문장 3번 따라 쓰기

○

○

○

영작해서 2번씩 쓰기

① 난 결국 욕조 안에서 잠이 들어 버렸어.

○

○

힌트 fall asleep = 잠이 들다 / bathtub = 욕조

② 넌 결국 네 시간과 돈을 낭비하게 되고 말 거야.

○

○

힌트 waste = 낭비하다 / time and money = 시간과 돈

나만의 문장 써 보기

○

○

○

듣고 따라 말해 보기

영작 모범 답안

① I ended up falling asleep in the bathtub.

② You will end up wasting your time and money.

I'm trying to figure out what happened.

무슨 일이 있었는지 알아내려고 노력 중이야.

문장 파헤치기

'figure out'은 어떠한 이유/사실 등을 '알아내다'라고 말하거나
생각 끝에 어떠한 것을 '이해하다'라고 말할 때 쓰는 덩어리 표현.

figure out 명사 = ~을 알아내다/이해하다

I	am trying	to figure out	what happened.
나는	노력 중이다	알아내기 위해	무슨 일이 일어났는지

try to-동사원형 = ~하기 위해 노력하다
try to figure out = 알아내기 위해 노력하다
what+동사 = 무엇이 ~하는지
what happened = 무엇이[무슨 일이] 일어났는지

I'm trying to figure out what happened.

[직역] 나는 무슨 일이 일어났는지 알아내기 위해 노력 중이다.
[의역] 무슨 일이 있었는지 알아내려고 노력 중이야.

문장 3번 따라 쓰기

○

○

○

영작해서 2번씩 쓰기

① 우린 무엇이 모두에게 가장 좋을지 알아내야 합니다.

○

○

힌트 need to-동사원형 = ~해야 한다 / what's best for+명사 = 무엇이 ~에게 가장 좋은지

② 걱정 마. 이걸 고칠 수 있는 방법을 내가 알아낼게.

○

○

힌트 a way to-동사원형 = ~할 방법 / fix = 고치다, 수리하다

나만의 문장 써 보기

○

○

○

듣고 따라 말해 보기

MP3_015

영작 모범 답안

① We need to figure out what's best for everyone.

② Don't worry. I'll figure out a way to fix this.

DAY 016

I think I'm running out of patience.

나 인내심이 점점 바닥나고 있는 것 같아.

문장 파헤치기

'run'은 '달리다'라는 뜻의 단어이지만
'run out of'라고 하면 '~이 떨어지다'라는 뜻의 덩어리 표현이 됨.

run out of **명사** = ~이 떨어지다/바닥나다

I think	I	am running out of	patience.
나는 생각한다	내가	바닥나고 있는 중이라고	인내심이

run out of → [과거형] ran / [p.p.] run
I think 문장. = 나는 ~라고 생각한다. → ~인 것 같다
patience = 인내심
run out of patience = 인내심이 떨어지다[바닥나다]

I think I'm running out of patience.

[직역] 나는 내가 인내심이 바닥나고 있는 중이라고 생각한다.
[의역] 나 인내심이 점점 바닥나고 있는 것 같아.

문장 3번 따라 쓰기

- ○
- ○
- ○

영작해서 2번씩 쓰기

① 지금 이 시점에 전 뭐라 할 말이 없네요.

- ○
- ○

힌트 have p.p. = ~하게 된 상태이다 / word = 단어, 말 / at this point = (지금) 이 시점에

② 아쉽게도, 우린 시간 여유가 없어요(시간이 바닥나고 있는 중이에요).

- ○
- ○

힌트 unfortunately = 유감스럽지만, 아쉽게도 / time = 시간

나만의 문장 써 보기

- ○
- ○
- ○

듣고 따라 말해 보기

영작 모범 답안

MP3_016

① I've run out of words at this point.

② Unfortunately, we are running out of time.

DAY 017

I can't get rid of my hiccups.

나 딸꾹질을 멈출 수가 없어.

문장 파헤치기

각각의 단어 'get(받다, 취하다), rid(제거하다)'를 뭉뚱그려
'get rid of'라고 하면 '~을 없애다'라는 뜻의 덩어리 표현이 됨.

get rid of 명사 = ~을 없애다/제거하다

I	can't get rid of	my hiccups.
나는	없앨 수가 없다	나의 딸꾹질을

can't 동사원형 = ~할 수 없다
hiccups = 딸꾹질
my hiccups = 나의[내가 하고 있는] 딸꾹질
get rid of my hiccups = 나의 딸꾹질을 없애다[멈추다]

I can't get rid of my hiccups.

[직역] 나는 나의 딸꾹질을 없앨 수가 없다.
[의역] 나 딸꾹질을 멈출 수가 없어.

문장 3번 따라 쓰기

영작해서 2번씩 쓰기

① 어떻게 하면 제 다크서클을 없앨 수 있을까요?

힌트 How can I 동사원형? = 내가 어떻게 ~할 수 있나요? / eyebags = 다크서클

② 명상은 스트레스를 없애는 가장 좋은 방법입니다.

힌트 meditation = 명상 / the best way to-동사원형 = ~하는 가장 좋은 방법

나만의 문장 써 보기

듣고 따라 말해 보기

① How can I get rid of my eyebags?

② Meditation is the best way to get rid of stress.

DAY 018

I've come up with a great idea.

나 좋은 아이디어가 떠올랐어.

문장 파헤치기

'come'은 '오다'라는 뜻의 단어이지만 'come up with'라고 하면
'~(방안/아이디어 등)을 생각해내다'라는 뜻의 덩어리 표현이 됨.

come up with **명사** = ~을 생각해내다

I	have come up with	a great idea.
나는	생각해냈다	좋은 아이디어를

come up with → [과거형] came / [p.p.] come
have p.p. = (결과적으로 현재) ~하게 된 상태이다
have come up with = 생각해낸 상태이다 → 생각해냈다
great idea = 좋은 아이디어

I've come up with a great idea.

[직역] 나는 좋은 아이디어를 생각해냈다.
[의역] 나 좋은 아이디어가 떠올랐어.

문장 3번 따라 쓰기

○

○

○

영작해서 2번씩 쓰기

① 너 이 아이디어는 어떻게 생각해냈던 거야?

○

○

힌트 How did you 동사원형? = 너는 어떻게 ~했는가?

② 우린 그 문제에 대한 해결책을 생각해내야 해요.

○

○

힌트 need to-동사원형 = ~해야 한다 / solution to+명사 = ~에 대한 해결책

나만의 문장 써 보기

○

○

○

듣고 따라 말해 보기

MP3_018

① How did you come up with this idea?

② We need to come up with a solution to the problem.

_____월 _____일

I have a lot of work to catch up on.

나 해야 될 밀린 일이 많아.

문장 파헤치기

'catch'는 '잡다'라는 뜻의 단어이지만 'catch up on'이라고 하면
'~(밀렸던 일 등)을 따라잡다'라는 뜻의 덩어리 표현이 됨.

catch up on 명사 = ~을 따라잡다/만회하다

I	have	a lot of work to catch up on.
나는	갖고 있다	따라잡아야 할 많은 일을

catch up on → [과거형] caught / [p.p.] caught
work = 일
work to-동사원형 = ~해야 할 일
a lot of work to-동사원형 = ~해야 할 많은 일

I have a lot of work to catch up on.

[직역] 나는 따라잡아야 할 많은 일을 갖고 있다.
[의역] 나 해야 될 밀린 일이 많아.

문장 3번 따라 쓰기

०

०

०

영작해서 2번씩 쓰기

① 우린 (그동안 몰랐던) 서로의 근황에 대해 이야기했어.

०

०

힌트 each other's <u>lives</u> = 서로의 <u>삶[근황]</u>

② 난 이번 주말에 (밀렸던) 잠을 잘 거야.

०

०

힌트 sleep = 잠; 자다 / this weekend = 이번 주말(에)

나만의 문장 써 보기

०

०

०

듣고 따라 말해 보기

영작 모범 답안

MP3_019

① We caught up on each other's lives.

② I'm going to catch up on sleep this weekend.

Don't miss out on this great opportunity.

이 좋은 기회를 놓치지 마세요.

문장 파헤치기

'miss out on'은 무언가 유익하거나 즐겁고 도움이 되는
정보/경험 등을 '놓치다'라는 뉘앙스로 말할 때 쓰는 덩어리 표현.

miss out on **명사** = ~을 놓치다

Don't miss out on	this great opportunity.
놓치지 말아라	이러한 좋은 기회를

---

miss out on → [과거형] missed / [p.p.] missed
Don't 동사원형. = ~하지 말아라.
opportunity = 기회
(this) great opportunity = (이러한) 좋은 기회

Don't miss out on this great opportunity.

[직역] 이러한 좋은 기회를 놓치지 말아라.
[의역] 이 좋은 기회를 놓치지 마세요.

문장 3번 따라 쓰기

○

○

○

영작해서 2번씩 쓰기

① 넌 뭔가 좋은 걸 놓치게 될 수도 있어.

○

○

힌트   You could 동사원형. = 넌 ~할 수도 있다. / something great = 무언가 좋은 것

② 난 내 20대를 놓쳐 버린 것 같은 기분이야.

○

○

힌트   I feel like 문장. = ~인 기분이다., ~인 것 같다. / my 20s = 나의 20대

나만의 문장 써 보기

○

○

○

듣고 따라 말해 보기

영작 모범 답안

① You could miss out on something great.

② I feel like I missed out on my 20s.

매일 1장

영어 쓰기 습관

100일의 기적

CHAPTER 03

뉘앙스를 살려 말하기

_____ 월 _____ 일

I can't wait to see you again.

나 널 빨리 다시 만나고 싶어.

문장 파헤치기

can't wait to – 동사원형
= [직역] ~하는 것을 기다릴 수 없다
→ (기다릴 수 없을 만큼) 빨리 ~하고 싶다

can't wait to – 동사원형 = 빨리 ~하고 싶다

I	can't wait to see	you	again.
나는	빨리 보고 싶다	너를	다시

see = 보다
can't wait to see = 빨리 보고 싶다
again = 다시

I can't wait to see you again.

[직역] 나는 너를 다시 빨리 보고 싶다.
[의역] 나 널 빨리 다시 만나고 싶어.

문장 3번 따라 쓰기

◦

◦

◦

영작해서 2번씩 쓰기

① 나 빨리 결과를 들었으면 좋겠어.

◦

◦

힌트 hear = 듣다 / result = 결과

② 나 빨리 내 침대에 누워서 자고 싶어.

◦

◦

힌트 sleep in my own bed = 내 침대에서 자다

나만의 문장 써 보기

◦

◦

◦

듣고 따라 말해 보기

영작 모범 답안

① I can't wait to hear the results.

② I can't wait to sleep in my own bed.

DAY 022

I can't help wondering what is next.

나 그 다음이 뭔지 너무 궁금해.

문장 파헤치기

can't help 동사원형-ing
= [직역] ~하는 것을 도울 수가 없다
→ (돕거나 말릴 수 없을 정도로) ~하지 않을 수 없다

can't/couldn't help **동사원형-ing** = ~하지 않을 수 없다/없었다

I	can't help wondering	what is next.
나는	궁금하지 않을 수 없다	다음이 무엇인지

wonder = 궁금하다
can't help wondering = 궁금하지 않을 수 없다
what is <u>next</u> = 무엇이 <u>다음</u> 것인지 → 다음이 무엇인지

I can't help **wondering** what is next.

[직역] 나는 다음이 무엇인지 <u>궁금하지 않을 수 없다</u>.
[의역] 나 그 다음이 뭔지 너무 궁금해.

문장 3번 따라 쓰기

○

○

○

영작해서 2번씩 쓰기

① 넌 점점 더 늙어갈 수밖에 없어.

○

○

힌트 get older = 점점 더 늙게 되다

② 난 그 농담에 웃지 않을 수가 없었어.

○

○

힌트 laugh at+명사 = ~에 웃다 / joke = 농담

나만의 문장 써 보기

○

○

○

듣고 따라 말해 보기

영작 모범 답안

MP3_022

① You can't help getting older.

② I couldn't help laughing at the joke.

DAY 023

I could use some company tonight.

나 오늘 밤 친구가 돼 줄 사람이 필요해.

문장 파헤치기

could use 명사
= [직역] ~을 사용할 수도 있다
→ (사용을 고려해 볼 정도로) ~가 필요하다, ~가 있으면 좋겠다

could use **명사** = ~가 필요하다, ~가 있으면 좋겠다

I	could use **some company**	tonight.
나는	어떤 친구가 필요하다	오늘 밤에

company = 동행; 함께 있는 사람[친구]
could use some company = 어떤 친구가 필요하다
tonight = 오늘 밤(에)

I could use **some company** tonight.

[직역] 나는 오늘 밤에 어떤 친구가 필요하다.
[의역] 나 오늘 밤 친구가 돼 줄 사람이 필요해.

문장 3번 따라 쓰기

○

○

○

영작해서 2번씩 쓰기

① 나 커피 한 잔 마시면 정말 좋겠어.

○

○

힌트 could <u>really</u> use 명사 = ~가 있으면 <u>정말</u> 좋겠다 / a cup of coffee = 커피 한 잔

② 도움이 좀 필요하신 것 같은데요.

○

○

힌트 It seems like 문장. = ~인 것 같다. / some help = 어떤[약간의] 도움

나만의 문장 써 보기

○

○

○

듣고 따라 말해 보기

영작 모범 답안

① I could really use a cup of coffee.

② It seems like you could use some help.

DAY 024

I doubt that she will keep the secret.

걔가 비밀을 지켜줄지 모르겠어.

문장 파헤치기

I doubt that 문장.
= [직역] 나는 ~을 의심한다.
→ (의심이 들 정도로 불확실하기 때문에) 나는 ~일지 모르겠다.

I doubt <u>that 문장</u>. = 나는 <u>~일지</u> 모르겠다.

I doubt	that she will keep the secret.
나는 모르겠다	그녀가 비밀을 지킬지

She will 동사원형. = 그녀는 ~할 것이다.
keep = 유지하다 / secret = 비밀
keep the secret = 비밀을 유지하다 → 비밀을 지키다

I doubt that she will keep the secret.

[직역] 나는 그녀가 비밀을 지킬지 모르겠다.
[의역] 걔가 비밀을 지켜줄지 모르겠어.

문장 3번 따라 쓰기

- ○
- ○
- ○

영작해서 2번씩 쓰기

① 걔(남자)가 파티에 올지 모르겠어.

- ○
- ○

힌트 come to+장소 = ~에 오다 / party = 파티

② 솔직히, 우리 팀이 이길지 난 잘 모르겠어.

- ○
- ○

힌트 our team = 우리 팀 / win = 이기다, 승리하다

나만의 문장 써 보기

- ○
- ○
- ○

듣고 따라 말해 보기

영작 모범 답안

MP3_024

① I doubt that he will come to the party.

② To be honest, I doubt that our team will win.

DAY 025

I'll pretend you didn't just ask me that.

그냥 네가 나한테 그걸 안 물어본 걸로 칠게.

문장 파헤치기

I'll pretend 문장.
= [직역] 나는 ~라고 상상[가장]할 것이다.
→ (실제로는 그렇지 않지만) 나는 ~인 걸로 여기겠다.

I'll pretend **문장**. = 나는 **~인 걸로** 여기겠다.

I'll pretend	you didn't just ask me that.
나는 여기겠다	네가 나에게 그냥 그것을 묻지 않았던 걸로

ask 사람 A = ~에게 A를 묻다
ask me that = 나에게 그것을 묻다
didn't (just) ask me that = 나에게 (그냥) 그것을 묻지 않았다

I'll pretend **you didn't just ask me that.**

[직역] 나는 네가 나에게 그냥 그것을 묻지 않았던 걸로 여기겠다.
[의역] 그냥 네가 나한테 그걸 안 물어본 걸로 칠게.

문장 3번 따라 쓰기

○

○

○

영작해서 2번씩 쓰기

① 내가 아무것도 못 봤던 걸로 칠게.

○

○

힌트 see = 보다 / anything = 아무것도, 무엇이든

② 우리 사이에 아무 일도 없었던 걸로 칠게.

○

○

힌트 nothing+동사 = 아무것도 ~하지 않다 / happen = 일어나다 / <u>between</u> us = 우리 <u>사이에</u>

나만의 문장 써 보기

○

○

○

듣고 따라 말해 보기

영작 모범 답안

MP3_025

① I'll pretend I didn't see anything.

② I'll pretend nothing happened between us.

DAY 026

I'd rather stay home than go out.

난 나가기보단 차라리 집에 있고 싶어.

문장 파헤치기

I'd(=I would) 동사원형. = 나는 ~할 것이다.
rather = 차라리, 오히려
→ I'd rather 동사원형. = 나는 차라리 ~하고 싶다.

I'd rather **동사원형.** = 나는 차라리 ~하고 싶다.

I'd rather **stay home**	**than go out.**
나는 차라리 집에 머물고 싶다	나가는 것보다

stay = 머물다 → stay home = 집에 머물다
than A = A보다 / go out = 나가다
→ than go out = 나가는 것보다

I'd rather stay home than go out.

[직역] 나는 나가는 것보다 차라리 집에 머물고 싶다.
[의역] 난 나가기보단 차라리 집에 있고 싶어.

문장 3번 따라 쓰기

○

○

○

영작해서 2번씩 쓰기

① 나쁜 사람들과 함께 있으니 차라리 혼자 있고 싶어.

○

○

힌트   be alone = 혼자이다 / in bad company = 나쁜 사람(들)과 함께 있는

② 당근을 먹느니 차라리 아무것도 안 먹고 싶어.

○

○

힌트   eat = 먹다 → eat nothing = 아무것도 안 먹다 / carrot = 당근

나만의 문장 써 보기

○

○

○

듣고 따라 말해 보기

① I'd rather be alone than in bad company.

② I'd rather eat nothing than eat a carrot.

DAY 027

You'd better change your mind.

너 생각을 바꾸는 게 좋을 거야.

문장 파헤치기

had better 동사원형 = ~하는 게 좋을 것이다
→ You'd(=You had) better 동사원형.
= 너는 ~하는 게 좋을 것이다.

You'd better 동사원형. = 너는 ~하는 게 좋을 것이다.

You'd better **change**	**your mind.**
너는 바꾸는 게 좋을 것이다	너의 마음을

change = 바꾸다
your mind = 너의 마음
change your mind = 너의 마음을 바꾸다

You'd better change your mind.

[직역] 너는 너의 마음을 바꾸는 게 좋을 것이다.
[의역] 너 생각을 바꾸는 게 좋을 거야.

문장 3번 따라 쓰기

-
-
-

영작해서 2번씩 쓰기

① 너 지금 바로 이리 내려오는 게 좋을 거야.

-
-

힌트 get down <u>here</u> = 여기로 내려오다 / right away = 곧바로, 즉시

② 내 생각에 넌 건강을 위해 담배를 끊는 게 좋을 거야.

-
-

힌트 quit = 그만두다 / smoking = 흡연 / for your health = 네 건강을 위해

나만의 문장 써 보기

-
-
-

듣고 따라 말해 보기

영작 모범 답안

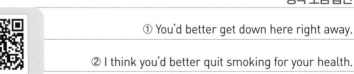

MP3_027

① You'd better get down here right away.

② I think you'd better quit smoking for your health.

DAY 028

You don't want to know the truth.

넌 그 사실을 모르는 게 좋을 거야.

문장 파헤치기

You don't want to-동사원형.
= [직역] 너는 ~하고 싶어 하지 않는다.
→ (안 하고 싶어할 만큼 안 좋기 때문에) 너는 ~하지 않는 게 좋을 것이다.

You don't want to-동사원형. = 너는 ~하지 않는 게 좋을 것이다.

You don't want to **know**	the truth.
너는 알지 않는 게 좋을 것이다	그 사실을

know = 알다
truth = 진실, 사실
know the truth = 진실을 알다, (그) 사실을 알다

You don't want to know the truth.

[직역] 너는 그 사실을 알지 않는 게 좋을 것이다.
[의역] 넌 그 사실을 모르는 게 좋을 거야.

문장 3번 따라 쓰기

○

○

○

영작해서 2번씩 쓰기

① 너 그 사람(남자)이랑 얽히지 않는 게 좋을 거야.

○

○

힌트 mess <u>with</u>+사람 = ~와 관계를 맺다[얽히다]

② 이 기회를 놓치지 않는 게 좋으실 겁니다.

○

○

힌트 miss out on 명사 = ~을 놓치다 / opportunity = 기회

나만의 문장 써 보기

○

○

○

듣고 따라 말해 보기

영작 모범 답안

① You don't want to mess with him.

② You don't want to miss out on this opportunity.

DAY 029

It turned out to be completely wrong.

그건 완전히 잘못된 것으로 판명됐어.

문장 파헤치기

turn out = (모습을) 드러내다

→ It turned out ~. = 그것은 ~으로 드러났다.
  (어떠한 사실로 밝혀지거나 판명됐다는 뉘앙스로 사용)

It turned out to be **명사/형용사.** = 그것은 ~인 것으로 드러났다.
It turned out that **문장.** = ~라는 것으로 드러났다.

It turned out to be	completely wrong.
그것은 ~인 것으로 드러났다.	완전히 잘못된

completely = 완전히, 전적으로
wrong = 틀린, 잘못된

It turned out to be **completely wrong.**

[직역] 그것은 완전히 잘못된 것으로 드러났다.
[의역] 그건 완전히 잘못된 것으로 판명됐어.

문장 3번 따라 쓰기

○

○

○

영작해서 2번씩 쓰기

① 당신이 옳았던 것으로 결론 났어요.

○

○

힌트 right = 올바른, 옳은, 맞는

② 결국, 그건 사실인 걸로 드러났어.

○

○

힌트 in the end = 결국 / true = 사실인, 참인

나만의 문장 써 보기

○

○

○

듣고 따라 말해 보기

영작 모범 답안

MP3_029

① It turned out that you were right.

② In the end, it turned out to be true.

It's no wonder that he has a poor reputation.

그 사람 평판이 나쁜 건 당연한 거야.

문장 파헤치기

It's no wonder that 문장.
= [직역] ~인 것은 놀라운 것이 아니다.
→ (그리 놀랍지도 않을 정도로) ~인 것은 당연하다.

It's no wonder **that 문장**. = **~인 것은** 당연하다.

It's no wonder	that he has a poor reputation.
당연하다	그가 나쁜 평판을 가지고 있는 것은

poor = 가난한; 형편없는
reputation = 평판
have(has) a poor reputation = 형편없는[나쁜] 평판을 갖고 있다

It's no wonder **that he has a poor reputation.**

[직역] 그가 나쁜 평판을 가지고 있는 것은 당연하다.
[의역] 그 사람 평판이 나쁜 건 당연한 거야.

문장 3번 따라 쓰기

○

○

○

영작해서 2번씩 쓰기

① 걔(여자)한테 친구가 거의 없는 건 당연한 일이야.

○

○

힌트 have(has) <u>few friends</u> = 매우 적은 친구들이 있다 → 친구가 거의 없다

② 사람들이 정치에 신물이 난 건 당연한 거야.

○

○

힌트 tired <u>of</u>+명사 = ~에 신물이 난 / politics = 정치

나만의 문장 써 보기

○

○

○

듣고 따라 말해 보기

영작 모범 답안

① It's no wonder that she has few friends.

② It's no wonder that people are tired of politics.

매일 1장

영어 쓰기 습관

100일의 기적

CHAPTER 04

정중한 말투로 묻기

Would you like something to drink?

마실 것 좀 드릴까요?

문장 파헤치기

[직접적] Do you want ~? = ~을 원해요?
[정중히] Would you like ~? = (혹시) ~을 원하시나요?

Would you like **명사?** = (혹시) ~을 원하시나요?
Would you like **음식/음료?** = ~을 드시겠어요?
Would you like **to-동사원형?** = ~하시겠어요?

Would you like	something to drink?
드시겠어요?	마실 무언가를

something <u>to-동사원형</u> = ~할 무언가[어떤 것]
something <u>to drink</u> = 마실 무언가 → 마실 것

Would you like **something to drink?**

[직역] 마실 무언가를 드시겠어요?
[의역] 마실 것 좀 드릴까요?

문장 3번 따라 쓰기

○

○

○

영작해서 2번씩 쓰기

① 그것 좀 도와드릴까요?

○

○

힌트 some help <u>with</u>+명사 = <u>~에 대한</u> 약간의 도움

② 저희랑 저녁식사 같이 하실래요?

○

○

힌트 join 사람 for dinner = ~와 함께 저녁식사를 하다

나만의 문장 써 보기

○

○

○

듣고 따라 말해 보기

MP3_031

① Would you like some help with that?

② Would you like to join us for dinner?

DAY 032

How would you like your steak?

스테이크 굽기는 어떻게 해 드릴까요?

문장 파헤치기

How would you like ~?
= [직역] ~을 어떻게 원하시나요?
→ 위의 말은 결국 '~을 어떻게 해 드릴까요?'라는 의미로 해석 가능.

How would you like **음식/음료?** = ~을 어떻게 해 드릴까요?
How would you like to-**동사원형?** = 어떻게 ~하시겠어요?

How would you like	your steak?
어떻게 해 드릴까요?	당신의 스테이크를

steak = 스테이크
your steak = 당신의[당신이 주문한/먹는] 스테이크

How would you like **your steak?**

[직역] 당신의 스테이크를 어떻게 해 드릴까요?
[의역] 스테이크 굽기는 어떻게 해 드릴까요?

문장 3번 따라 쓰기

-
-
-

영작해서 2번씩 쓰기

① 커피는 어떻게 해서 드릴까요?

-
-

힌트 your coffee = 당신의[당신이 주문한/마시는] 커피

② 결제는 어떻게 하시겠어요? 현금 아니면 신용카드로 (하시겠어요)?

-
-

힌트 pay = 결제하다 / by cash or credit card = 현금 아니면 신용카드로

나만의 문장 써 보기

-
-
-

듣고 따라 말해 보기

영작 모범 답안

① How would you like your coffee?

② How would you like to pay? By cash or credit card?

DAY 033

Would you mind if I sat next to you?

제가 옆에 좀 앉아도 될까요?

문장 파헤치기

Would you mind if ~?
= [직역] ~라면 신경 쓰이시나요?
→ 위의 말은 결국 '~라도 괜찮을까요?'라는 의미로 해석 가능.

Would you mind **if 과거시제 문장?** = **~라도** 괜찮을까요?

Would you mind	if I sat next to you?
괜찮을까요?	제가 당신의 옆에 앉아도

sit = 앉다 → [과거형] sat
next to 사람 = ~의 옆에
sit next to 사람 = ~의 옆에 앉다

Would you mind **if I sat next to you?**

[직역] 제가 당신의 옆에 앉아도 **괜찮을까요?**
[의역] 제가 옆에 좀 앉아도 될까요?

문장 3번 따라 쓰기

영작해서 2번씩 쓰기

① 제가 창문 좀 열어도 될까요?

힌트   open = 열다 → [과거형] opened / window = 창문

② 제가 몇 가지 질문을 좀 드려도 괜찮을까요?

힌트   ask 사람 a few questions = ~에게 몇 가지 질문을 묻다 → [과거형] asked

나만의 문장 써 보기

듣고 따라 말해 보기

영작 모범 답안

MP3_033

① Would you mind if I opened the window?

② Would you mind if asked you a few questions?

DAY 034

Would it be possible to take a day off?

휴가를 하루 낼 수 있을까요?

문장 파헤치기

Would it be possible to ~?
= [직역] ~하는 것이 가능할까요?
→ 위의 말은 결국 '~할 수 있을까요?'라는 의미로 해석 가능.

Would it be possible to-**동사원형?** = ~할 수 있을까요?

Would it be possible to **take**	a day off?
쓸 수 있을까요?	1일의 휴가를

day off = 휴가
<u>a</u> day off = <u>1일의</u> 휴가
take a day off = 1일의 휴가를 얻다[쓰다]

<u>Would it be possible to</u> **take** a day off?

[직역] 1일의 휴가를 쓸 수 있을까요?
[의역] 휴가를 하루 낼 수 있을까요?

문장 3번 따라 쓰기

○

○

○

영작해서 2번씩 쓰기

① 회의 일정을 변경할 수 있을까요?

○

○

힌트 reschedule = 일정을 변경하다 / meeting = 회의

② 보고서 복사본 한 부를 좀 얻을 수 있을까요?

○

○

힌트 get = 얻다, 구하다 / copy of + 명사 = ~의 복사본 / report = 보고서

나만의 문장 써 보기

○

○

○

듣고 따라 말해 보기

MP3_034

영작 모범 답안

① Would it be possible to reschedule the meeting?

② Would it be possible to get a copy of the repot?

Could you tell me where the nearest station is?

가장 가까운 역이 어딘지 좀 알려 주실 수 있나요?

문장 파헤치기

Could you ~? = ~해 주실 수 있나요?

→ 위 표현은 'Could you tell/explain/show ~?'와 같은 형태로 잘 쓰임.

Could you 동사원형? = ~해 주실 수 있나요?

Could you **tell me**	where the nearest station is?
제게 말해 주실 수 있나요?	가장 가까운 역이 어디인지

tell me A = 내게 A를 말하다

the nearest station = 가장 가까운 역

where 장소 is = ~이/가 어디인지

where the nearest station is = 가장 가까운 역이 어디인지

Could you **tell** me where the nearest station is?

[직역] 가장 가까운 역이 어디인지 제게 말해 주실 수 있나요?

[의역] 가장 가까운 역이 어디인지 좀 알려 주실 수 있나요?

문장 3번 따라 쓰기

◌

◌

◌

영작해서 2번씩 쓰기

① 그게 무슨 의미인지 설명해 주실 수 있나요?

◌

◌

힌트 explain = 설명하다 / what you mean by that = 당신이 그걸로 무엇을 의미하는지

② 이 팩스 기기 사용법 좀 보여 주실 수 있을까요?

◌

◌

힌트 show = 보여주다 / how to use 명사 = ~을 어떻게 사용하는지 → ~의 사용법

나만의 문장 써 보기

◌

◌

◌

듣고 따라 말해 보기

영작 모범 답안

① Could you explain what you mean by that?

② Could you show me how to use this fax machine?

DAY 036

May I ask you a personal question?

사적인 질문을 좀 드려도 될까요?

문장 파헤치기

May I ~? = ~해도 될까요?
→ 위 표현은 상대방의 허락을 정중히 구하는 뉘앙스.
　 상대방이 원치 않으면 '하지 않을 수도 있다'는 의미까지 내포.

May I 동사원형? = ~해도 될까요?

May I ask	you	a personal question?
물어봐도 될까요?	당신에게	개인적인 질문을

ask 사람 A = ~에게 A를 묻다
personal = 개인적인 / question = 질문
personal question = 개인적인 질문, 사적인 질문

May I ask you a personal question?

[직역] 당신에게 개인적인 질문을 물어봐도 될까요?
[의역] 사적인 질문을 좀 드려도 될까요?

문장 3번 따라 쓰기

○

○

○

영작해서 2번씩 쓰기

① 와인 한 잔 더 마셔도 될까요?

○

○

힌트 have+음료 = ~을 마시다 / another glass of+음료 = ~의 또 하나의 잔

② 여권과 탑승권을 좀 볼 수 있을까요?

○

○

힌트 passport = 여권 / boarding pass = 탑승권

나만의 문장 써 보기

○

○

○

듣고 따라 말해 보기

영작 모범 답안

MP3_036

① May I have another glass of wine?

② May I see your passport and boarding pass?

DAY 037

Did you get a chance to read my email?

혹시 제가 드린 이메일은 읽어 보셨는지요?

문장 파헤치기

Did you get a chance to ~?
= [직역] ~할 기회가 있었나요?
→ 위의 말은 결국 '혹시 ~해 보셨어요?'라는 의미로 해석 가능.

Did you get a chance to−동사원형? = 혹시 ~해 보셨나요?

Did you get a chance to **read**	my email?
혹시 읽어 보셨나요?	제 이메일을

read = 읽다
my email = 나의[내가 보낸] 이메일
read my email = 나의 이메일을 읽다[확인하다]

Did you get a chance to **read** my email?

[직역] 혹시 제 이메일을 읽어 보셨나요?
[의역] 혹시 제가 드린 이메일은 읽어 보셨는지요?

문장 3번 따라 쓰기

○

○

○

영작해서 2번씩 쓰기

① 혹시 그분(남자)과 이야기해 보셨나요?

○

○

힌트 speak with+사람 = ~와 이야기하다[담화하다]

② 혹시 제 보고서는 좀 살펴보셨는지요?

○

○

힌트 look over = 훑어보다, 살펴보다 / report = 보고서

나만의 문장 써 보기

○

○

○

듣고 따라 말해 보기

MP3_037

① Did you get a chance to speak with him?

② Did you get a chance to look over my report?

Have you seen this guy by any chance?

혹시 이 남자 보신 적 있나요?

문장 파헤치기

by any chance = 혹시라도
→ Yes/No 의문문 뒤에 붙어서 질문을 좀 더 부드럽게 만드는 역할을 함.

Yes/No 의문문+by any chance**? = 혹시라도 ~인가요?**

Have you seen	**this guy**	by any chance?
당신은 본 적 있나요?	이 남자를	혹시라도

see = 보다 → [과거형] saw / [p.p.] seen
have p.p. = ~한 적 있다, (결과적으로 현재) ~한 상태이다
have seen = 본 적 있다, 본 상태이다
guy = 남자 → this guy = 이 남자

Have you seen this guy by any chance?

[직역] 혹시라도 당신은 이 남자를 본 적 있나요?
[의역] 혹시 이 남자 보신 적 있나요?

문장 3번 따라 쓰기

영작해서 2번씩 쓰기

① 혹시 한국말 하시나요?

힌트 speak+언어 = ~(라는 언어)를 말하다 / Korean = 한국어; 한국인

② 혹시 묵을 수 있는 방이 있나요?

힌트 room available = 이용할 수 있는 방 → 묵을 수 있는 방

나만의 문장 써 보기

듣고 따라 말해 보기

영작 모범 답안

MP3_038

① Do you speak Korean by any chance?

② Do you have a room available by any chance?

DAY 039

Is there any way to take an earlier flight?

혹시 더 빠른 비행편을 탈 방법 없을까요?

문장 파헤치기

Is there any way to ~?

= [직역] ~할 무슨 방법이 있나요?

→ 위의 말은 결국 '~할 방법 없을까요?'라는 의미로 해석 가능.

Is there any way to-**동사원형?** = ~할 방법 없을까요?

Is there any way to **take**	an earlier flight?
탑승할 방법 없을까요?	좀 더 이른 항공편에

flight = 항공편; 비행

earlier flight = 좀 더 이른 항공편

take an (earlier) flight = (좀 더 이른) 항공편에 탑승하다

Is there any way to **take an earlier flight?**

[직역] 좀 더 이른 항공편에 탑승할 방법 없을까요?

[의역] 혹시 더 빠른 비행편을 탈 방법 없을까요?

문장 3번 따라 쓰기

○

○

○

영작해서 2번씩 쓰기

① 이거 환불할 방법 없을까요?

○

○

힌트 get a refund <u>on</u>+명사 = <u>~에 대해</u> 환불을 받다

② 모기한테 물리는 걸 막을 방법 없을까요?

○

○

힌트 prevent = 막다, 예방하다 / mosquito bites = 모기에게 물리는 것

나만의 문장 써 보기

○

○

○

듣고 따라 말해 보기

영작 모범 답안

① Is there any way to get a refund on this?

② Is there any way to prevent mosquito bites?

DAY 040

I was wondering if you could do me a favor.

제 부탁 하나 들어주실 수 있을지 모르겠네요.

문장 파헤치기

I was wondering if ~ = ~일지 궁금해하고 있었다.
→ 위 표현은 어떤 것을 물어보기 전까지 속으로 계속 그것을
   궁금해하고 있었다는 뉘앙스로서 '~인지 궁금하다'라고 해석됨.

I was wondering **if 문장.** = ~**인지** 궁금하다.

I was wondering	if you could do me a favor.
궁금하다	당신이 내 부탁을 들어줄 수 있는지

favor = 호의, 친절
do me a favor = 내게 호의를 행하다 → 내 부탁을 들어주다
could+동사원형 = ~해 줄 수 있다, ~할 수도 있다, ~해도 된다

I was wondering **if you could do me a favor.**

[직역] 당신이 내 부탁을 들어줄 수 있는지 궁금하다.
[의역] 제 부탁 하나 들어주실 수 있을지 모르겠네요.

문장 3번 따라 쓰기

○

○

○

영작해서 2번씩 쓰기

① 저 좀 도와주실 수 있을지 모르겠네요.

○

○

힌트 help 사람 with something = ~가 <u>무언가 하는 것</u>을 돕다 → ~을 좀 도와주다

② 당신과 잠깐 얘기를 나눌 수 있을지 궁금합니다.

○

○

힌트 talk to you = 당신에게 말하다[이야기하다] / for a second = 잠시

나만의 문장 써 보기

○

○

○

듣고 따라 말해 보기

MP3_040

① I was wondering if you could help me with something.

② I was wondering if I could talk to you for a second.

매일 1장

영어 쓰기습관

100일의 기적

CHAPTER **05**

에둘러 의견 말하기

DAY 041

I'm afraid I can't make it tomorrow.

미안하지만 내가 내일 못 갈 것 같아.

문장 파헤치기

I'm afraid I can't ~ = 나는 내가 ~하지 못하는 것이 유감이다.
→ 위 표현은 '난 못한다'라고 강하게 거절하는 것이 아닌
  '유감스럽게도 못 하게 됐다'고 정중히 거절할 때 쓰는 표현.

I'm afraid **I can't 동사원형.**
= 나는 **내가 ~하지 못하는 것이** 유감이다.

I'm afraid	I can't make it tomorrow.
나는 유감이다	내가 내일 참석하지 못하는 것이

make it = 시간 맞춰 가다; 참석하다
tomorrow = 내일

I'm afraid **I can't make it tomorrow.**

[직역] 나는 내가 내일 참석하지 못하는 것이 유감이다.
[의역] 미안하지만 내가 내일 못 갈 것 같아.

문장 3번 따라 쓰기

영작해서 2번씩 쓰기

① 미안하지만 네 말에 동의하지 못하겠어.

힌트 agree with+사람 = ~의 말[의견]에 동의하다

② 죄송하지만 답변을 드릴 수가 없겠네요.

힌트 give 사람 the answer = ~에게 답변을 주다

나만의 문장 써 보기

듣고 따라 말해 보기

영작 모범 답안

① I'm afraid I can't agree with you.

② I'm afraid I can't give you the answer.

113

DAY 042

I'd love to, but I really should get going.

정말 그러고 싶은데 제가 진짜 가야 돼서요.

문장 파헤치기

I'd love to, but 문장. = 정말 그러고 싶다, 하지만 ~이다.
→ 위 표현은 상대방의 제안을 정중히 거절할 때 쓰는 표현이며
  'I'd love to' 뒤엔 상대방이 제안한 행동(동사)이 생략돼 있다고 보면 됨.

I'd love to, but **문장**.
= 정말 그러고 싶다, 하지만 **~이다**.

I'd love to, but	I really should get going.
정말 그러고 싶다, 하지만	난 정말 떠나야 한다.

I really should 동사원형. = 난 정말 ~해야 한다.
get going = (다시) 떠나다, 출발하다

I'd love to, but **I really should get going.**

[직역] 정말 그러고 싶다, 하지만 난 정말 떠나야 한다.
[의역] 정말 그러고 싶은데 제가 진짜 가야 돼서요.

문장 3번 따라 쓰기

○

○

○

영작해서 2번씩 쓰기

① 정말 그러고 싶은데 제가 오늘 밤에 이미 약속이 있어서요.

○

○

힌트 already = 이미 / have plans = 계획[약속]이 있다 / tonight = 오늘 밤(에)

② 정말 그러고 싶은데 제가 시간이 그렇게 많지가 않아서요.

○

○

힌트 don't have <u>that much</u> time = <u>그렇게 많은</u> 시간이 있지 않다

나만의 문장 써 보기

○

○

○

듣고 따라 말해 보기

MP3_042

영작 모범 답안

① I'd love to, but I already have plans tonight.

② I'd love to, but I don't have that much time.

DAY 043

Personally, I think that misses the point.

개인적으로, 내 생각엔 그게 핵심을 놓치고 있는 것 같아.

문장 파헤치기

Personally, I think 문장. = 개인적으로, 난 ~라고 생각한다.
→ 위 표현은 어떠한 사실을 '~이다'라고 100% 단정하지 않고
   그것이 나의 '주관적인' 생각이라고 에둘러 말하는 표현.

Personally, I think **문장**.
= 개인적으로, 난 **~라고** 생각한다.

Personally, I think	that misses the point.
개인적으로, 난 생각한다	그것이 요점을 놓치고 있다고

miss = 놓치다 / point = 요점, 중요한 것
miss the point = 요점을 놓치다

Personally, I think **that misses the point.**

[직역] 개인적으로, 난 그것이 요점을 놓치고 있다고 생각한다.
[의역] 개인적으로, 내 생각엔 그게 핵심을 놓치고 있는 것 같아.

문장 3번 따라 쓰기

○

○

○

영작해서 2번씩 쓰기

① 개인적으로, 난 그게 올바른 결정이었다고 생각해.

○

○

힌트 right = 옳은, 올바른 / decision = 결정

② 개인적으로, 난 그 사람(남자)이 가장 뛰어난 선수 중 한 명이라고 봐.

○

○

힌트 one of 복수명사 = ~중의 한 개[명] / the greatest player = 가장 뛰어난 선수

나만의 문장 써 보기

○

○

○

듣고 따라 말해 보기

MP3_043

영작 모범 답안

① Personally, I think it was the right decision.

② Personally, I think he is one of the greatest players.

___월 ___일

I think you should think before you speak.

내 생각에 넌 말하기 전에 생각부터 해야 될 것 같아.

문장 파헤치기

I think <u>you should</u> ~ = 난 네가 ~해야 한다고 생각한다.
→ 위 표현은 '~해라'와 같이 직접적으로 지시하는 말투가 아닌
　'내 생각에' 상대방이 뭘 하면 좋겠다고 에둘러 말하는 표현.

I think you should 동사원형.
= 난 네가 ~해야 한다고 생각한다.

I think	you should think before you speak.
난 생각한다	네가 말하기 전에 생각해야 한다고

before <u>you speak</u> = 네가 말하기 전에
think before you speak = 네가 말하기 전에 생각하다

I think you should think before you speak.

[직역] 난 네가 말하기 전에 생각해야 한다고 생각한다.
[의역] 내 생각에 넌 말하기 전에 생각부터 해야 될 것 같아.

문장 3번 따라 쓰기

◎

◎

◎

영작해서 2번씩 쓰기

① 내 생각에 너 걔(여자)랑 연락해야 될 것 같아.

◎

◎

힌트 get in touch <u>with</u>+사람 = ~와 연락하다

② 제 생각엔 동업자분께 솔직히 말씀하셔야 될 것 같아요.

◎

◎

힌트 be honest <u>with</u>+사람 = ~에게 솔직히 행동하다[말하다] / partner = 파트너, 동업자

나만의 문장 써 보기

◎

◎

◎

듣고 따라 말해 보기

영작 모범 답안

① I think you should get in touch with her.

② I think you should be honest with your partner.

I feel that we need to address this issue.

전 우리가 이 사안을 다룰 필요가 있다고 봅니다.

문장 파헤치기

feel = 느끼다; ~라고 생각하다
I feel <u>that 문장</u>. = 난 ~라고 생각한다.
→ '(내 주관적 느낌으로 ~라고) 생각한다'와 같이 말할 때 쓰는 표현.

I feel **that 문장**. = 난 **~라고** 생각한다.

I feel	that we need to address this issue.
난 생각한다	우리가 이 사안을 다뤄야 한다고

need to-동사원형 = ~해야 한다
address = (문제 등을) 고심하다, 다루다
issue = 쟁점, 사안

I feel **that we need to address this issue.**

[직역] 난 우리가 이 사안을 다뤄야 한다고 생각한다.
[의역] 전 우리가 이 사안을 다룰 필요가 있다고 봅니다.

문장 3번 따라 쓰기

◦

◦

◦

영작해서 2번씩 쓰기

① 전 우리가 기본으로 돌아가야 한다고 봅니다.

◦

◦

힌트 go back <u>to</u>+명사 = ~로 돌아가다 / basics = 기본, 기초

② 전 그들에게 수행할 중요한 역할이 있다고 봅니다.

◦

◦

힌트 important = 중요한 / role <u>to play</u> = 수행할[맡아서 할] 역할

나만의 문장 써 보기

◦

◦

◦

듣고 따라 말해 보기

MP3_045

영작 모범 답안

① I feel that we need to go back to basics.

② I feel that they have an important role to play.

It seems to me that we have two choices.

내 보기엔 우리에게 두 가지 선택지가 있어.

문장 파헤치기

It seems to me that 문장. = 내겐 ~인 것처럼 보인다.
→ 위 표현은 '~이다'라고 100% 단정해서 말하는 말투가 아닌
   '~인 것처럼 보인다'라고 에둘러 의견을 드러내는 말투.

It seems to me **that 문장**. = 내겐 **~인 것**처럼 보인다.

It seems to me	that we have two choices.
내겐 ~처럼 보인다	우리가 두 개의 선택권을 가진 것

choice = 선택(권)
have a choice = 하나의 선택권을 가지다
have two choices = 두 개의 선택권을 가지다

It seems to me **that we have two choices.**

[직역] 내겐 우리가 두 개의 선택권을 가진 것처럼 보인다.
[의역] 내 보기엔 우리에게 두 가지 선택지가 있어.

문장 3번 따라 쓰기

영작해서 2번씩 쓰기

① 내 보기엔 오직 두 가지 가능성만 존재해.

힌트 There is[are] 단수[복수]명사. = ~이 있다. / only = 오직 / possibility = 가능성

② 내 보기엔 여기에 더 큰 문제점 하나가 있어.

힌트 bigger = 더 큰 / problem = 문제(점) / here = 여기에; 이 시점에

나만의 문장 써 보기

듣고 따라 말해 보기

영작 모범 답안

MP3_046

① It seems to me that there are only two possibilities.

② It seems to me that there is a bigger problem here.

_____월 _____일

I'd appreciate it if you wouldn't mention it.

그걸 말하지 않아 준다면 정말 고맙겠어.

문장 파헤치기

I'd(=I would) appreciate it <u>if 문장</u>.
= ~라면 난 그것을 고마워할 것이다.
→ 상대방에게 정중한 뉘앙스로 무언가 부탁할 때 쓰는 표현.

I'd appreciate it **if 주어 would/wouldn't 동사원형**.
= **주어가 ~한다면/하지 않는다면** 난 그것을 고마워할 것이다.

I'd appreciate it	if you wouldn't mention it.
난 그것을 고마워할 것이다	네가 그것을 언급하지 않는다면

mention = 말하다, 언급하다
mention it = 그것을[그 사안을] 언급하다

I'd appreciate it **if you wouldn't mention it.**

[직역] 네가 그것을 언급하지 않는다면 난 그것을 고마워할 것이다.
[의역] 그걸 말하지 않아 준다면 정말 고맙겠어.

문장 3번 따라 쓰기

○

○

○

영작해서 2번씩 쓰기

① 이 안에서 흡연을 삼가 주신다면 감사하겠습니다.

○

○

힌트 smoke = 담배를 피우다, 흡연하다 / in here = 이(곳) 안에서

② 제 질문에 답해 주신다면 정말 감사하겠습니다.

○

○

힌트 answer my question = 나의 질문에 답하다

나만의 문장 써 보기

○

○

○

듣고 따라 말해 보기

영작 모범 답안

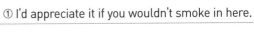

① I'd appreciate it if you wouldn't smoke in here.

② I'd appreciate it if you'd answer my question.

It would be great if we could arrange a meeting.

우리가 회의를 할 수 있다면 너무 좋을 것 같습니다.

문장 파헤치기

It would be great if 문장.
= ~라면 매우 좋을 것이다.
→ 상대방에게 정중한 뉘앙스로 무언가 제안할 때 쓰는 표현.

It would be great if 주어 could 동사원형.
= 주어가 ~할 수 있다면 매우 좋을 것이다.

It would be great	if we could arrange a meeting.
매우 좋을 것이다	우리가 회의를 주선할 수 있다면

arrange = 마련하다, 주선하다
meeting = 회의

It would be great **if we could arrange a meeting.**

[직역] 우리가 회의를 주선할 수 있다면 매우 좋을 것이다.
[의역] 우리가 회의를 할 수 있다면 너무 좋을 것 같습니다.

문장 3번 따라 쓰기

영작해서 2번씩 쓰기

① 우리가 합의점을 찾을 수 있다면 정말 좋을 것 같습니다.

힌트 come to an agreement = 합의에 도달하다[이르다]

② 내게 피드백을 좀 줄 수 있다면 정말 좋을 것 같아.

힌트 give 사람 some feedback = ~에게 어떤[약간의] 피드백을 주다

나만의 문장 써 보기

듣고 따라 말해 보기

영작 모범 답안

MP3_048

① It would be great if we could come to an agreement.

② It would be great if you could give me some feedback.

DAY 049

Why don't you give him another chance?

그 사람한테 기회를 한 번 더 줘 보는 건 어때?

문장 파헤치기

Why don't you ~? = (당신이) ~해 보는 건 어때요?
→ 위의 문장을 직역하면 '너는 왜 ~하지 않는가?'이지만 그게 아니라
　상대방에게 어떤 것을 해 보라고 제안하는 의미를 가진 표현.

Why don't you **동사원형?** = (당신이) ~해 보는 건 어때요?

Why don't you **give**	him	**another chance?**
줘 보는 건 어때요?	그에게	또 다른 기회를

give 사람 A = ~에게 A를 주다
another = 또 하나(의); 다른 / chance = 기회
another chance = 또 다른 기회

Why don't you **give** him another chance?

[직역] 그에게 또 다른 기회를 줘 보는 건 어때요?
[의역] 그 사람한테 기회를 한 번 더 줘 보는 건 어때?

문장 3번 따라 쓰기

영작해서 2번씩 쓰기

① 그 사람(남자)한테 계속 머물 건지 물어보는 게 어때?

힌트 ask 사람 if 문장 = ~에게 ~일지 (어떨지) 물어보다 / stay = 머물다

② LA에 도착하면 나한테 전화 한 통 해 주는 게 어때?

힌트 give 사람 a call = ~에게 전화하다 / get to+장소 = ~에 도착하다

나만의 문장 써 보기

듣고 따라 말해 보기

영작 모범 답안

MP3_049

① Why don't you ask him if he's going to stay?

② Why don't you give me a call when you get to LA?

DAY 050

How about meeting in front of the cinema?

우리 영화관 앞에서 만날까?

문장 파헤치기

How about ~? = (우리가) ~하는 건 어떨까요?
→ 위 표현은 '(우리 같이) ~하자'라고 단정해서 제안하기보다
　'(우리 같이) ~할래?'라고 물어보는 뉘앙스로 제안하는 표현.

How about **동사원형-ing?** = (우리가) ~하는 건 어떨까요?

How about meeting	in front of the cinema?
만나는 건 어떨까요?	영화관 앞에서

meet = 만나다
in front of + 장소 = ~(라는 장소) 앞에서
cinema = 영화관, 극장

How about meeting in front of the cinema?

[직역] 영화관 앞에서 만나는 건 어떨까요?
[의역] 우리 영화관 앞에서 만날까?

문장 3번 따라 쓰기

영작해서 2번씩 쓰기

① 우리 토요일에 영화 보러 갈까?

힌트 go to the movies = 영화를 보러 가다 / on+요일 = ~라는 요일에

② 우리 내일 같이 점심 먹을까?

힌트 have lunch = 점심을 먹다 / together = 함께

나만의 문장 써 보기

듣고 따라 말해 보기

영작 모범 답안

MP3_050

① How about going to the movies on Saturday?

② How about having lunch together tomorrow?

매일 1장

영어 쓰기 습관

100일의 기적

CHAPTER 06

강조하며 말하기

051 I've never seen such a thing in my life.

052 I haven't heard from him for quite a while.

053 Keep doing your best every single day.

054 I'm just too tired to go anywhere else.

055 I do appreciate what you've done for me.

056 What a coincidence to see you here!

057 What I mean is that this is only the beginning.

058 I'm nowhere near ready to take on that yet.

059 Just be yourself no matter what others think.

060 No matter how much I ate, I never felt full.

I've never seen such a thing in my life.

난 살면서 그런 건 본 적이 없어.

문장 파헤치기

thing(것) → such a thing(그런 것)
shame(애석한 일) → such a shame(정말 애석한 일)
opportunity(기회) → such an opportunity(그런 기회)

such+**명사** = 그런/정말 ~

I've never seen	such a thing	in my life.
나는 본 적이 없다	그런 것을	내 인생에 있어

have never p.p. = ~한 적이 없다
see = 보다 → [과거형] saw / [p.p.] seen
in my life = 내 인생에 있어

I've never seen such a thing in my life.

[직역] 나는 내 인생에 있어 그런 것을 본 적이 없다.
[의역] 난 살면서 그런 건 본 적이 없어.

문장 3번 따라 쓰기

  ◦

  ◦

  ◦

영작해서 2번씩 쓰기

① 내가 그런 기회를 어떻게 거절할 수 있겠어?

  ◦

  ◦

힌트 _ How can I 동사원형? = 내가 어떻게 ~할 수 있는가? / turn down = 거절하다

② 그분(여자)이 너무 일찍 돌아가신 건 정말 애석한 일이야.

  ◦

  ◦

힌트 _ It's a shame <u>that</u> 문장. = ~인 것이 애석하다. / die <u>so young</u> = <u>너무 일찍 죽다</u>

나만의 문장 써 보기

  ◦

  ◦

  ◦

듣고 따라 말해 보기

MP3_051

영작 모범 답안

① How can I turn down such an opportunity?

② It's such a shame that she died so young.

___월___일

I haven't heard from him for quite a while.

나 꽤 오랫동안 걔 소식을 못 들었어.

문장 파헤치기

while(얼마간의 기간) → quite a while(상당한 얼마간의 기간)
big difference(큰 차이) → quite a big difference(상당히 큰 차이)
a lot of opposition(많은 반대) → quite a lot of opposition(꽤 많은 반대)

quite + 명사 = 꽤/상당한/상당히 ~

I haven't heard	from him	for quite a while.
나는 소식을 못 들었다	그로부터	상당한 얼마간의 기간 동안

haven't heard p.p. = (현재까지 쭉) ~하지 못했다
hear = (소식을) 듣다 → [과거형] heard / [p.p.] heard
for quite a while = 상당한 얼마간의 기간 동안

I haven't heard from him for quite a while.

[직역] 나는 상당한 얼마간의 기간 동안 그로부터 소식을 못 들었다.
[의역] 나 꽤 오랫동안 걔 소식을 못 들었어.

문장 3번 따라 쓰기

○

○

○

영작해서 2번씩 쓰기

① 거기엔 상당히 큰 차이점이 있었어요.

○

○

힌트 There was 단수명사. = ~가 있었다. / there = 그곳에, 거기엔

② 전 꽤 많은 반대에 부딪혔어요.

○

○

힌트 come up against + 명사 = ~에 직면하다[부딪히다]

나만의 문장 써 보기

○

○

○

듣고 따라 말해 보기

영작 모범 답안

MP3_052

① There was quite a big difference there.

② I came up against quite a lot of opposition.

Keep doing your best every single day.

하루도 빠짐없이 계속 최선을 다하도록 해.

day(날) → every single day(각각의 모든 날)
moment(순간) → every single moment(각각의 모든 순간)
word(말) → every single word(각각의 모든 말)

every single + 단수명사 = 각각의 모든 ~

Keep	doing your best	every single day.
유지하라	너의 최선을 다하는 것을	각각의 모든 날마다

keep + 동사원형-ing = ~하는 것을 유지하다
do your best = 너의 최선을 다하다
every single day = 각각의 모든 날(마다)

Keep doing your best every single day.

[직역] 각각의 모든 날마다 너의 최선을 다하는 것을 유지하라.
[의역] 하루도 빠짐없이 계속 최선을 다하도록 해.

문장 3번 따라 쓰기

○

○

영작해서 2번씩 쓰기

① 당신 인생의 모든 순간을 즐길 수 있도록 노력하세요.

○

○

힌트 try to-동사원형 = ~하도록 노력하다 / enjoy = 즐기다 / your life = 너의 삶

② 난 아직도 네가 했던 말 하나하나 다 기억해.

○

○

힌트 still = 아직도 / remember = 기억하다 / word you said = 네가 했던 말

나만의 문장 써 보기

○

○

○

듣고 따라 말해 보기

영작 모범 답안

MP3_053

① Try to enjoy every single moment of your life.

② I still remember every single word you said.

I'm just too tired to go anywhere else.

나 어딜 나가기엔 그냥 너무 피곤해.

문장 파헤치기

<u>too</u> 형용사 = 너무 ~한
too 형용사 <u>to</u>-동사원형 = ~하기엔 너무 ~한
→ 위 표현은 주로 '부정적인 뉘앙스'로 강조해서 말할 때 사용.

<u>too</u> 형용사 **to-동사원형 = ~하기엔** 너무 ~한

I'm	just too tired to go	anywhere else.
나는 ~이다	가기엔 그냥 너무 피곤한	다른 어느 곳이든

tired = 피곤한
too tired to go = 가기엔 너무 피곤한
anywhere else = 다른 어느 곳(이든)

I'm just <u>too tired</u> <u>to go</u> anywhere else.

[직역] 나는 다른 어느 곳이든 가기엔 그냥 너무 피곤하다.
[의역] 나 어딜 나가기엔 그냥 너무 피곤해.

문장 3번 따라 쓰기

○

○

○

영작해서 2번씩 쓰기

① 난 그런 거 하기엔 너무 늙었어.

○

○

힌트 old = 늙은, 나이 든 / that sort of thing = 그런 종류의 것 → 그런 것

② 그게 다 사실이라고 하기엔 너무 좋은 것 같은데.

○

○

힌트 It (all) sounds 형용사. = 그건 (전부 다) ~인 것 같다. / true = 사실인

나만의 문장 써 보기

○

○

○

듣고 따라 말해 보기

영작 모범 답안

① I'm too old to do that sort of thing.

② It all sounds too good to be true.

DAY 055

I do appreciate what you've done for me.

네가 날 위해 해준 것들 정말 고맙게 생각해.

문장 파헤치기

appreciate(고마워하다) → do appreciate(정말 고마워하다)
→ 'do/does/did+동사원형'은 동사(행동)를 강조해서 말하는 표현.

[현재] do/does+동사원형 = 정말 ~한다
[과거] did+동사원형 = 정말 ~했다

I	do appreciate	what you've done for me.
나는	정말 고맙게 여긴다	네가 나를 위해 해 온 것을

what 주어+동사 = 주어가 ~한 것
what you've(you have) done = 네가 해 온 것
what you've done for me = 네가 나를 위해 해 온 것

I do appreciate what you've done for me.

[직역] 나는 네가 나를 위해 해 온 것을 정말 고맙게 여긴다.
[의역] 네가 날 위해 해 준 것들 정말 고맙게 생각해.

문장 3번 따라 쓰기

○

○

○

영작해서 2번씩 쓰기

① 난 우리가 더 나은 방법을 찾을 수 있을 거라 굳게 믿어.

○

○

힌트   I believe <u>that</u> 문장. = 난 ~라고 믿는다. / find = 찾다 / better way = 더 나은 방법

② 저희가 일정 변경에 있어 확실히 실수를 저질렀습니다.

○

○

힌트   make a mistake <u>on</u>+명사 = ~에 있어 실수하다 / schedule change = 일정 변경

나만의 문장 써 보기

○

○

○

듣고 따라 말해 보기

① I do believe that we can find a better way.

② We did make a mistake on the schedule change.

What a coincidence to see you here!

여기서 널 만나다니 정말 우연이다!

문장 파헤치기

What+명사! = 정말 ~이다!
(ex) What a great movie! = 정말 좋은 영화!
→ 정말 좋거나/멋지거나/놀라운 걸 접했을 때 강조해서 말하는 표현.

What+**명사!** = 정말 ~이다!

What **a coincidence**	**to see you here!**
정말 우연이다!	여기서 너를 본 것이

coincidence = 우연
see 사람 = ~을 보다[만나다]
here = 여기(서), 이곳(에서)

What **a coincidence** to see you here!

[직역] 여기서 너를 본 것이 정말 우연이다!
[의역] 여기서 널 만나다니 정말 우연이다!

문장 3번 따라 쓰기

○

○

○

영작해서 2번씩 쓰기

① 네 소식을 듣게 되다니 정말 깜짝 놀랐어!

○

○

힌트 nice surprise = 멋진[기분 좋은] 놀라움 / hear from+사람 = ~의 소식을 듣다

② 새해를 시작하는 정말 기막히게 좋은 방법이 아닐 수 없죠!

○

○

힌트 awesome = 기막히게 좋은 / way to-동사원형 = ~하는 방법 / kick off = 시작하다

나만의 문장 써 보기

○

○

○

듣고 따라 말해 보기

① What a nice surprise to hear from you!

② What an awesome way to kick off the New Year!

What I mean is that this is only the beginning.

내 말은 이건 단지 시작에 불과하다는 거야.

문장 파헤치기

A이다. → 내 말은 A라는 것이다.
우리는 A해야 한다. → 우리가 해야 할 일은 A이다.
위와 같이 '~라는 것은'이라고 강조하며 말을 시작할 땐 아래의 패턴 사용.

What+주어+동사 is that 문장/동사원형.
= 주어가 ~하는 것은 ~라는 것이다/~하는 것이다.

What I mean	is	that this is only the beginning.
내가 말하는 것은	~이다	이것이 단지 시작이라는 것

mean = (~을) 의미하다, (~라는 뜻으로) 말하다
only = 오직, 단지 / beginning = 시작

What I mean **is that this is only the beginning.**

[직역] 내가 말하는 것은 이것이 단지 시작이라는 것이다.
[의역] 내 말은 이건 단지 시작에 불과하다는 거야.

문장 3번 따라 쓰기

○

○

○

영작해서 2번씩 쓰기

① 내가 하고 싶은 말은 과거는 과거일 뿐이라는 거야.

○

○

힌트 want to-동사원형 = ~하고 싶다 / say = 말하다 / past = 과거, 지난 일

② 우리가 해야 할 일은 가능성들을 검토하는 겁니다.

○

○

힌트 need to-동사원형 = ~해야 한다 / go through = 검토하다 / possibility = 가능성

나만의 문장 써 보기

○

○

○

듣고 따라 말해 보기

① What I want to say is that the past is the past.

② What we need to do is go through the possibilities.

I'm nowhere near ready to take on that yet.

전 그걸 맡기엔 아직 한참 준비가 덜 됐어요.

문장 파헤치기

준비된 → <u>한참</u> 준비되<u>지 않은</u> (한참 준비가 안 된)
충분한 → <u>한참</u> 충분하<u>지 않은</u> (한참 부족한)
위와 같이 '한참 ~하지 않은'이라고 강조하며 말할 땐 아래의 표현을 사용.

<u>nowhere near</u>+**형용사** = 한참 ~하지 않은

I'm	nowhere near **ready**	to take on that	yet
난 ~이다	한참 준비되지 않은	그것을 맡기 위해	아직

ready = 준비된
<u>nowhere near</u> ready = 한참 준비되지 않은
take on+명사 = ~을 맡다[책임지다] / yet = 아직

I'm <u>nowhere near</u> **ready** to take on that yet.

[직역] 난 아직 그것을 맡기 위해 <u>한참 준비되지 않았다.</u>
[의역] 전 그걸 맡기엔 아직 한참 준비가 덜 됐어요.

문장 3번 따라 쓰기

◦

◦

◦

영작해서 2번씩 쓰기

① 내 영어 실력은 네 실력에 비해 한참 떨어져.

◦

◦

힌트 my English = 내 영어 (실력) / as good as <u>yours</u> = 네 것[네 실력]만큼 좋은

② 그 사람들을 위한 지원이 한참 부족한 상황이에요.

◦

◦

힌트 <u>enough</u> support (for+사람) = (~을 위한) <u>충분한</u> 지원

나만의 문장 써 보기

◦

◦

◦

듣고 따라 말해 보기

영작 모범 답안

MP3_058

① My English is nowhere near as good as yours.

② There is nowhere near enough support for them.

DAY 059

Just be yourself no matter what others think.

남들이 뭐라고 생각하든 그저 너 자신으로 살아.

문장 파헤치기

'no matter' 뒤에 'what ~, how ~'와 같은 의문사절을 붙여서 말하면
'~하든지 간에, 아무리 ~해도'와 같이 강조하는 표현이 됨.
아래는 'no matter what ~'이라고 했을 때의 표현 덩어리.

no matter what 주어+동사
= 무엇을 주어가 ~하든지 간에

Just	be yourself	no matter what others think.
그저	너 자신이 되어라	무엇을 남들이 생각하든지 간에

yourself = 너 자신[스스로]
others = 다른 사람들 / think = 생각하다

Just be yourself no matter what others think.

[직역] 무엇을 남들이 생각하든지 간에 그저 너 자신이 되어라.
[의역] 남들이 뭐라고 생각하든 그저 너 자신으로 살아.

문장 3번 따라 쓰기

o

o

o

영작해서 2번씩 쓰기

① 남들이 뭐라고 말하든 네 할 일을 해.

o

o

힌트 do your own thing = 너만의 것[일]을 하다 → 네 할 일을 하다 / say = 말하다

② 내가 뭘 했든지 간에, 난 그저 상황을 바꿀 수가 없었어.

o

o

힌트 couldn't+동사원형 = ~할 수 없었다 / change things = 상황을 바꾸다

나만의 문장 써 보기

o

o

o

듣고 따라 말해 보기

영작 모범 답안

① Do your own thing no matter what others say.

② No matter what I did, I just couldn't change things.

No matter how much I ate, I never felt full.

아무리 먹어도 배가 전혀 안 부르더라고.

문장 파헤치기

'no matter how ~'라고 했을 때의 강조 표현은
아래의 같이 두 가지 형태로 사용 가능.

no matter how+부사 **주어+동사** = 그렇게 ~하게 **주어가 ~해도**
no matter how+형용사 **주어** am/is/are = 아무리 **주어가** ~이어도

No matter how much I ate,	I never felt full.
그렇게 많이 내가 먹었어도,	나는 결코 포만감을 못 느꼈다

much = 많이 / eat = 먹다 → [과거형] ate
never+동사 = 결코 ~하지 않다
feel full = 포만감을 느끼다 → [과거형] felt

No matter how much I ate, I never felt full.

[직역] 그렇게 많이 내가 먹었어도, 나는 결코 포만감을 못 느꼈다.
[의역] 아무리 먹어도 배가 전혀 안 부르더라고.

문장 3번 따라 쓰기

◌

◌

◌

영작해서 2번씩 쓰기

① 그렇게 열심히 애를 써도, 그 사람(남자) 이름이 기억이 안 나.

◌

◌

힌트 hard = 열심히 / try = 애를 쓰다 / can't+동사원형 = ~할 수 없다

② 아무리 바빠도, 식사는 거르지 마.

◌

◌

힌트 busy = 바쁜 / skip = 건너뛰다, 거르다 / meal = 식사

나만의 문장 써 보기

◌

◌

◌

듣고 따라 말해 보기

① No matter how hard I try, I can't remember his name.

② No matter how busy you are, don't skip meals.

매일 1장
영어 쓰기습관
100일의 기적

CHAPTER 07
고난도 시제로 말하기

I found that I had left my phone at home.

난 내가 집에 전화기를 두고 나왔다는 걸 깨달았어.

문장 파헤치기

전화기를 두고 나왔다　　　　**그걸 알게 됐다**

→ '전화기를 두고 나온' 시점은 '그걸 알게 된' 시점보다 더 과거의 일이며,
　이처럼 '과거보다 더 과거의 일'을 말할 땐 '과거완료시제'를 사용.

had p.p. = (어떤 과거보다 더 과거인 시점에) ~했었다

I found	that I had left my phone at home.
나는 알게 됐다	내가 집에 전화기를 두고 왔었다는 것을

find = 알게 되다 → [과거형] found / [p.p.] found
leave = 두고 오다 → [과거형] left / [p.p.] left

I **found** that I **had left** my phone at home.

[직역] 나는 내가 집에 전화기를 두고 왔었다는 것을 알게 됐다.
[의역] 난 내가 집에 전화기를 두고 나왔다는 걸 깨달았어.

문장 3번 따라 쓰기

○

○

○

영작해서 2번씩 쓰기

① (과거에) 난 내가 큰 실수를 저질렀다는 걸 알아차렸어.

○

○

힌트 realize = 알아차리다, 깨닫다 / make a (huge) mistake = (큰) 실수를 저지르다

② (과거에) 걘(여자) 자기가 틀렸었다는 사실을 인정했어.

○

○

힌트 admit = 인정하다 / be mistaken = 틀리다; 잘못 생각하다

나만의 문장 써 보기

○

○

○

듣고 따라 말해 보기

영작 모범 답안

MP3_061

① I realized that I had made a huge mistake.

② She admitted that she had been mistaken.

DAY 062

I'd had a hard day so I was really tired.

내가 힘든 하루를 보내서 굉장히 피곤한 상태였어.

문장 파헤치기

과거완료시제 동사 'had p.p.'는 앞에 나온 주어와 맞물려
'I had p.p. → I'd p.p.'와 같은 축약 형태로 사용 가능.

[축약형] I had p.p. → I'd p.p.

I'd had a hard day	so I was really tired.
나는 힘든 하루를 겪었다	그래서 난 너무 피곤했다

have a hard day = 힘든 하루를 갖다[겪다]
→ [과거형] had / [p.p.] had
* '피곤했다'는 시점보다
  '힘든 하루를 보냈다'는 시점이 더 과거 → 과거완료시제

I'd had a hard day so I was really tired.

[직역] 나는 힘든 하루를 겪었다, 그래서 난 너무 피곤했다.
[의역] 내가 힘든 하루를 보내서 굉장히 피곤한 상태였어.

문장 3번 따라 쓰기

○

○

○

영작해서 2번씩 쓰기

① 내가 너무 과식해서 거북한 느낌이 들었었어.

○

○

힌트   eat <u>too much</u> = 너무 많이 먹다 / feel <u>uncomfortable</u> = 불편하게 느끼다

② 내가 늦게 일어나서 학교에 지각했었어.

○

○

힌트   wake up <u>late</u> = 늦게 일어나다 / be late <u>for school</u> = 학교에 지각하다

나만의 문장 써 보기

○

○

○

듣고 따라 말해 보기

영작 모범 답안

MP3_062

① I'd eaten too much so I felt uncomfortable.

② I'd woken up late so I was late for school.

DAY 063

I thought we had already agreed on that.

난 우리가 거기에 이미 동의했다고 생각했었어.

문장 파헤치기

과거완료시제 동사로 말할 때에도
'already(이미), just(막)'과 같은 부사를 곁들여서 사용 가능.

had already/just p.p. = 이미/막 ~했었다

I thought	we had already agreed on that.
난 생각했다	우리가 그것에 관해 이미 동의했었다고

agree on+명사 = ~에 관해 동의하다
→ [과거형] agreed / [p.p.] agreed
* '생각했다'는 시점보다
  '이미 동의했었다'는 시점이 더 과거 → 과거완료시제

I thought we had already agreed on that.

[직역] 난 우리가 그것에 관해 이미 동의했었다고 생각했다.
[의역] 난 우리가 거기에 이미 동의했다고 생각했었어.

문장 3번 따라 쓰기

영작해서 2번씩 쓰기

① 네가 나한테 전화했을 때 난 막 잠들어 버린 상태였어.

힌트 fall asleep = 잠들다 / call 사람 = ~에게 전화하다

② 난 그걸 이미 봤었기 때문에 그걸 보고 싶지가 않았었어.

힌트 didn't want to-동사원형 = ~하고 싶지 않았었다 / watch = 보다 / see = 보다

나만의 문장 써 보기

듣고 따라 말해 보기

영작 모범 답안

MP3_063

① I'd just fallen asleep when you called me.

② I didn't want to watch it because I'd already seen it.

DAY 064

I met an old friend I hadn't seen in years.

난 수년간 못 봤던 옛 친구를 만났었어.

문장 파헤치기

'had p.p.'의 부정 형태는 'had' 뒤에 'not'을 붙여서
'had not p.p. → hadn't p.p.'와 같이 만듦.

[부정] hadn't p.p. = ~하지 않았었다

I met	an old friend I hadn't seen in years.
나는 만났다	내가 수년간 보지 않았었던 오래된 친구를

see = 보다 → [과거형] saw / [p.p.] seen
old friend = 오래된 친구 / in years = 수년간
A(사람)+주어+동사 = 주어가 ~한 A
→ 'A(사람)'과 '주어+동사' 사이엔 관계대명사 'who/that'이 생략돼 있음.

I met an old friend I hadn't seen in years.

[직역] 나는 내가 수년간 보지 않았었던 오래된 친구를 만났다.
[의역] 난 수년간 못 봤던 옛 친구를 만났었어.

문장 3번 따라 쓰기

○

○

○

영작해서 2번씩 쓰기

① 난 내가 전에 하지 못했던 것들을 해 보고 싶었어.

○

○

힌트 do = 하다 / things+주어+동사 = 주어가 ~한 것들 / before = 전에

② 난 네가 아직 집에 안 왔다고 생각했었어.

○

○

힌트 come home = 집에 오다 / yet = 아직

나만의 문장 써 보기

○

○

○

듣고 따라 말해 보기

MP3_064

① I wanted to do things I hadn't done before.

② I thought you hadn't come home yet.

He said he had never been to a dentist.

걔 말로는 자기는 치과에 가 본 적이 없다고 했었어.

문장 파헤치기

'had never p.p.'라고 하면 과거 시점을 기준으로
'(과거 그 당시에) 전혀 ~한 적이 없었다'고 말하는 표현이 됨.

had never p.p. = 전혀 ~한 적이 없었다

Ha said	he had never been to a dentist.
그는 말했다	그가 치과에 전혀 가 본 적이 없었다고

had been to 장소 = ~에 가 본 적이 있었다
had never been to 장소 = ~에 전혀 가 본 적이 없었다
* '말했다'는 시점보다
  '가 본 적이 없었다'는 시점이 더 과거 → 과거완료시제

He said he had never been to a dentist.

[직역] 그는 그가 치과에 전혀 가 본 적이 없었다고 말했다.
[의역] 걔 말로는 자기는 치과에 가 본 적이 없다고 했었어.

문장 3번 따라 쓰기

○

○

○

영작해서 2번씩 쓰기

① 걔(여자)가 걔(남자)랑 전혀 대화해 본 적 없다고 말했었어.

○

○

힌트 have a conversation <u>with</u>+사람 = <u>~와</u> 대화하다

② 그건 내가 전에 전혀 본 적이 없었던 거였어.

○

○

힌트 something <u>that</u>+주어+동사 = <u>주어가 ~한</u> 어떤 것 / before = 전에

나만의 문장 써 보기

○

○

○

듣고 따라 말해 보기

영작 모범 답안

① She said she had never had a conversation with him.

② It was something that I'd never seen before.

_____월 _____일

It had been snowing for days when I arrived.

내가 도착했을 땐 며칠 동안 눈이 계속 왔던 상태였어.

문장 파헤치기

눈이 쭉 내리고 있었다 ── **내가 도착했다**

→ 위와 같이 '(과거 일정 기간 동안) 쭉 ~했다'고 말할 땐
  아래와 같은 '과거완료진행시제'를 사용.

had been 동사원형-ing = 쭉 ~했던 상태였다

It had been snowing	for days	when I arrived.
눈이 쭉 내렸던 상태였다	여러 날 동안	내가 도착했을 땐

snow = 눈이 오다 → It snows. = 눈이 내리다.
for <u>days</u> = 여러 날 동안

It <u>had been snowing</u> for days when I <u>arrived</u>.

[직역] 내가 <u>도착했을</u> 땐 여러 날 동안 눈이 쭉 내렸던 상태였다.
[의역] 내가 도착했을 땐 며칠 동안 눈이 계속 왔던 상태였어.

문장 3번 따라 쓰기

○

○

○

영작해서 2번씩 쓰기

① 우리가 나가기 전까지 비가 굉장히 많이 내리고 있었어.

○

○

힌트 rain <u>heavily</u> = 비가 아주 많이 오다 / go out = 나가다 / before+문장 = ~전에

② 난 어지럼증이 계속 느껴져서 약을 먹었었어.

○

○

힌트 feel dizzy = 어지러움을 느끼다 / take <u>a medicine</u> = 약을 먹다

나만의 문장 써 보기

○

○

○

듣고 따라 말해 보기

영작 모범 답안

MP3_066

① It had been raining heavily before we went out.

② I'd been feeling dizzy so I took a medicine.

DAY 067

I will have finished the report by 3 p.m.

나 오후 3시쯤엔 그 보고서 다 끝내게 될 거야.

문장 파헤치기

'(미래의 특정 시점쯤엔) ~한 상태일 것이다'라고 말할 땐
'미래완료시제'를 써서 말하며, 이때 미래의 특정 시점이 자주 언급됨.
(ex) by+시각 = ~시까지는, ~시쯤엔
　　　by the time 주어+동사 = 주어가 ~할 때까지는[때쯤엔]

will have p.p. = **(미래의 특정 시점쯤엔)** ~한 상태일 것이다

I will have finished	the report	by 3 p.m.
나는 끝낸 상태일 것이다	그 보고서를	3시쯤엔

finish = 끝내다 → [과거형] finished / [p.p.] finished
by 3 p.m. = 오후 3시까지는, 오후 3시쯤엔

I will have finished the report by 3 p.m.

[직역] 나는 오후 3시쯤엔 그 보고서를 끝낸 상태일 것이다.
[의역] 나 오후 3시쯤엔 그 보고서 다 끝내게 될 거야.

문장 3번 따라 쓰기

◦

◦

◦

영작해서 2번씩 쓰기

① 네가 집에 도착할 때쯤, 난 자러 갔을 거야.

◦

◦

힌트 get home = 집에 도착하다 / go to bed = 자러 가다

② 그 사람들이 도착할 때까진, 내가 요리를 다 마무리하게 될 거야.

◦

◦

힌트 arrive = 도착하다 / finish = 끝내다, 마무리하다 / cooking = 요리

나만의 문장 써 보기

◦

◦

◦

듣고 따라 말해 보기

영작 모범 답안

MP3_067

① By the time you get home, I will have gone to bed.

② By the time they arrive, I will have finished cooking.

_____월 _____일

By 9 p.m., I will have already had a shower.

밤 9시면, 나 이미 샤워하고 난 뒤일 거야.

문장 파헤치기

'미래완료시제' 동사 역시
'already(이미)'와 같은 부사를 곁들여서 말할 수 있음.

will have already **p.p.** = 이미 ~한 상태일 것이다

By 9 p.m.,	I will have already had **a shower.**
오후 9시쯤엔	나는 샤워를 이미 한 상태일 것이다.

by 9 p.m. = 오후 9시까지는, 오후 9시쯤엔
have a shower = 샤워를 하다
will have had a shower = 샤워를 한 상태일 것이다
will have <u>already</u> had a shower = 샤워를 <u>이미</u> 한 상태일 것이다

By 9 p.m., I will have already had a shower.

[직역] <u>오후 9시쯤엔</u>, 나는 샤워를 이미 한 상태일 것이다.
[의역] 밤 9시면, 나 이미 샤워하고 난 뒤일 거야.

문장 3번 따라 쓰기

○

○

○

영작해서 2번씩 쓰기

① 저녁 7시면, 그 영화 이미 시작했을 거야.

○

○

힌트 7 p.m. = 오후 7시 / movie = 영화 / start = 시작하다

② 내일 이 시간쯤이면, 그 사람(남자) 이미 떠나고 없을 거야.

○

○

힌트 this time tomorrow = 내일 이 시간 / leave = 떠나다

나만의 문장 써 보기

○

○

○

듣고 따라 말해 보기

영작 모범 답안

MP3_068

① By 7 p.m., the movie will have already started.

② By this time tomorrow, he will have already left.

DAY 069

In April, I will have been living here for 3 years.

4월이면, 난 여기서 3년간 살아온 셈이야.

문장 파헤치기

'(미래의 특정 시점까지 쭉) ~해온 게 될 것이다'라고 말할 땐
아래와 같은 '미래완료진행시제'를 써서 말함.

will have been 동사원형-ing = ~해온 게 될 것이다

In April,	I will have been living	here	for 3 years.
4월이면,	난 살아온 게 될 것이다	여기에서	3년 동안

in+달 = ~(라는 달)에, ~(라는 달)이면
in April = 4월에, 4월이면
live = 살다
will have been living = 살아온 게 될 것이다

In April, I will have been living here for 3 years.

[직역] 4월이면, 난 3년 동안 여기에서 살아온 게 될 것이다.
[의역] 4월이면, 난 여기서 3년간 살아온 셈이야.

문장 3번 따라 쓰기

○

○

○

영작해서 2번씩 쓰기

① 내년이면, 난 여기서 10년간 일해온 셈이야.

○

○

힌트 next year = 내년(에) / work here = 이곳에서 일하다

② 6시면 나 여기서 2시간 동안 기다린 셈이 돼.

○

○

힌트 wait here = 이곳에서 기다리다 / by 시각 o'clock = ~시까지[시쯤이면]

나만의 문장 써 보기

○

○

○

듣고 따라 말해 보기

영작 모범 답안

MP3_069

① Next year, I will have been working here for 10 years.

② I will have been waiting here for 2 hours by 6 o'clock.

I won't have finished my report by Saturday.

나 토요일까지 보고서를 못 끝내지 싶어.

문장 파헤치기

'미래완료시제'의 부정문과 의문문은
아래와 같은 형태로 만듦.

[부정문] 주어 won't have p.p. = 주어는 ~하지 않은 상태일 것이다.
[의문문] Will 주어 have p.p.? = 주어는 ~한 상태일 것인가?

I won't have finished	my report	by Saturday.
나는 끝내지 않은 상태일 것이다	나의 보고서를	토요일까지

[긍정] will have finished =끝낸 상태일 것이다
[부정] won't have finished = 끝내지 않은 상태일 것이다
by Saturday = 토요일까지

I won't have finished **my report** **by Saturday.**

[직역] 나는 토요일까지 나의 보고서를 끝내지 않은 상태일 것이다.
[의역] 나 토요일까지 보고서를 못 끝내지 싶어.

문장 3번 따라 쓰기

*
*
*

영작해서 2번씩 쓰기

① 나 다음 주까지 보고서를 다 못 쓸 듯싶어.

*
*

힌트 write = 쓰다 / all reports = 모든 보고서들 / next week = 다음 주

② 내가 돌아왔을 때 넌 자러 갔으려나?

*
*

힌트 go to bed = 자러 가다 / get back = 돌아오다

나만의 문장 써 보기

*
*
*

듣고 따라 말해 보기

영작 모범 답안

① I won't have written all the reports by next week.

② Will you have gone to bed when I get back?

매일 1장

영어 쓰기 습관

100일의 기적

CHAPTER **08**

도치시켜 말하기

Never have I seen such a beautiful girl.

나 진짜 그렇게 아름다운 여자는 처음 봐.

문장 파헤치기

영어에선 핵심 포인트를 강조하는 느낌을 주고자
'원래의 어순을 변경(도치)'시키는 방법'을 곧잘 사용.

[원문] I have never p.p. = 난 ~해 본 적이 없다.

[도치] Never have I p.p. = (강조) 난 ~해 본 적이 없다.
    Never (in my life) have I p.p. = 난 (살면서) ~해 본 적이 없다.

Never have I seen	such a beautiful girl.
난 본 적이 없다	그런 아름다운 여자를

see = 보다 → [p.p.] seen
such a beautiful girl = 그런 아름다운 여자

Never have I seen **such a beautiful girl.**

[직역] 난 그런 아름다운 여자는 본 적이 없다.

[의역] 나 진짜 그렇게 아름다운 여자는 처음 봐.

문장 3번 따라 쓰기

○

○

영작해서 2번씩 쓰기

① 나 그런 터무니없는 얘긴 진짜 처음 들어 봐.

○

○

힌트 hear = 듣다 / ridiculous = 웃기는, 터무니없는 / story = 이야기

② 난 살면서 진짜 (이보다) 더 맛있는 카레를 먹어 본 적이 없어.

○

○

힌트 eat = 먹다 / <u>better</u> curry = 더 나은[맛있는] 카레

나만의 문장 써 보기

○

○

○

듣고 따라 말해 보기

MP3_071

영작 모범 답안

① Never have I heard such a ridiculous story.

② Never in my life have I eaten a better curry.

Not once did I see him lose his temper.

난 걔가 욱하는 걸 단 한 번도 본 적이 없어.

문장 파헤치기

Not once+도치된 문장.
= 단 한 번도 _____지 않았다.
→ 핵심 정보를 '강조'하는 느낌을 주고자 문장이 도치됨.

Not once **did+주어+동사원형.** = 단 한 번도 **주어는 ~하**지 않았다.

Not once **did I see**	him lose his temper.
단 한 번도 나는 보지 않았다	그가 이성을 잃는 것을

lose one's temper = ~의 이성을 잃다
see+A(사람)+동사원형 = A가 ~하는 것을 보다
see him lose his temper = 그가 그의 이성을 잃는 것을 보다

Not once did I see him lose his temper.

[직역] 단 한 번도 나는 그가 그의 이성을 잃는 것을 보지 않았다.
[의역] 난 걔가 욱하는 걸 단 한 번도 본 적이 없어.

문장 3번 따라 쓰기

○

○

○

영작해서 2번씩 쓰기

① 걘(여자) 자기가 생각했던 걸 단 한 번도 말한 적이 없어.

○

○

힌트 say = 말하다 / what 주어+동사 = 주어가 ~하는 것 / think = 생각하다

② 걘(남자) 자기 집에 사람들을 단 한 번도 초대한 적이 없어.

○

○

힌트 invite 사람 to+장소 = ~에 ~을 초대하다 / his home = 그의 집

나만의 문장 써 보기

○

○

○

듣고 따라 말해 보기

영작 모범 답안

MP3_072

① Not once did she say what she thought.

② Not once did he invite people to his home.

DAY 073

On no account must you push that button.

무슨 일이 있어도 그 버튼은 절대 누르지 마.

문장 파헤치기

On no account+도치된 문장.
= 무슨 일이 있어도 _____지 않는다.
→ 위 표현에선 주로 'must/should'가 들어간 도치 문장이 많이 나옴.

On no account **must/should+주어+동사원형**.
= 무슨 일이 있어도 **주어는 ~해야 하**지 말아야 한다.

On no account **must you push**	that button.
무슨 일이 있어도 너는 눌러야 하지 말아야 한다	그 버튼을

push = 누르다; 밀다 / button = 버튼; 단추
push that button = 그 버튼을 누르다

On no account **must you push** that button.

[직역] 무슨 일이 있어도 너는 그 버튼을 눌러야 하지 말아야 한다.
[의역] 무슨 일이 있어도 그 버튼은 절대 누르지 마.

문장 3번 따라 쓰기

○

○

○

영작해서 2번씩 쓰기

① 무슨 일이 있어도 아무한테도 이 편지 보여주지 마.

○

○

힌트 show 사람 A = ~에게 A를 보여주다 / letter = 편지 / anyone = 아무(에게든)

② 무슨 일이 있어도 등 돌리고 도망가지 말도록 해.

○

○

힌트 turn <u>your back</u> = <u>너의 등을</u> 돌리다 → 저버리다, 무시하다

나만의 문장 써 보기

○

○

○

듣고 따라 말해 보기

MP3_073

영작 모범 답안

① On no account must you show anyone this letter.

② On no account should you turn your back and run.

Not only is it delicious, but it's also healthy.

그건 맛도 있고 건강에도 좋아.

문장 파헤치기

Not only+도치된 문장, but+문장.
= ＿＿＿일 뿐만 아니라, ＿＿＿이다.
→ but 뒤에는 'also(또한)'가 들어간 문장이 많이 나옴.

Not only <u>am/is/are+주어+형용사</u>, but <u>문장</u>.
= ＿＿＿＿일 뿐만 아니라, ＿＿＿＿이다.

Not only is it delicious,	but it's also healthy.
그것은 맛있을 뿐만 아니라,	또한 건강에 좋다

---

delicious = 맛있는
healthy = 건강에 좋은

Not only **is it delicious**, but **it's also healthy**.

[직역] 그것은 맛있을 뿐만 아니라, 또한 건강에 좋다.
[의역] 그건 맛도 있고 건강에도 좋아.

문장 3번 따라 쓰기

○

○

○

영작해서 2번씩 쓰기

① 걔(남자)는 얼굴도 잘생겼는데 재밌기까지 해.

○

○

힌트 handsome = 잘생긴 / funny = 웃기는, 재미있는

② 그분(여자)은 아름다우면서 지적이기까지 해요.

○

○

힌트 beautiful = 아름다운 / intelligent = 총명한, 똑똑한, 지적인

나만의 문장 써 보기

○

○

○

듣고 따라 말해 보기

영작 모범 답안

① Not only is he handsome, but he's also funny.

② Not only is she beautiful, but she's also intelligent.

_____월 _____일

No sooner had I arrived than the phone rang.

내가 도착하자마자 전화가 오더라고.

문장 파헤치기

No sooner+도치된 문장 than+문장.
= _____하자마자 _____이다.
→ 'no sooner' 뒤엔 주로 '과거완료시제' 도치 문장이 나옴.

No sooner **had+주어+p.p.** than **문장**.
= _____하자마자 _____이다.

No sooner **had I arrived**	than **the phone rang.**
내가 도착하자마자	전화기가 울렸다

arrive = 도착하다 → [p.p.] arrived
ring = 울리다 → [과거형] rang

No sooner **had I arrived** than **the phone rang.**

[직역] 내가 도착하자마자 전화기가 울렸다.
[의역] 내가 도착하자마자 전화가 오더라고.

문장 3번 따라 쓰기

◦

◦

◦

영작해서 2번씩 쓰기

① 나 점심 먹자마자 밖에 나갔어.

◦

◦

힌트 finish my lunch = 나의 점심 식사를 끝마치다 / go out = 나가다

② 내가 집에 도착하자마자 비가 내리기 시작하더라고.

◦

◦

힌트 reach home = 집에 이르다[도착하다] / start+동사원형-ing = ~하는 것을 시작하다

나만의 문장 써 보기

◦

◦

◦

듣고 따라 말해 보기

① No sooner had I finished my lunch than I went out.

② No sooner had I reached home than it started raining.

DAY 076

Not until the rain stopped, could we go out.

비가 그치고 나서야 우린 나갈 수 있었어.

문장 파헤치기

Not until+문장/명사, 도치된 문장.
= _____이고 나서야, _____였다.

Not until **과거시제 문장, 도치된 문장.**
Not until **특정 시간/때, 도치된 문장.**
= **_____이고 나서야, _____였다.**

Not until **the rain stopped,**	**could we go out.**
비가 멈추고 나서야,	우리는 나갈 수 있었다

stop = 멈추다 → [과거형] stopped
could+동사원형 = ~할 수 있었다 / go out = 나가다

Not until **the rain stopped, could we go out.**

[직역] 비가 멈추고 나서야, 우리는 나갈 수 있었다.
[의역] 비가 그치고 나서야 우린 나갈 수 있었어.

문장 3번 따라 쓰기

영작해서 2번씩 쓰기

① 나 어제가 되어서야 내 실수를 알아차렸어.

힌트 yesterday = 어제 / realize = 깨닫다, 알아차리다 / my mistake = 내 실수

② 나 걔(여자)가 나한테 전화하고 나서야 걔(여자) 걱정을 그만했어.

힌트 stop+동사원형-ing = ~하는 것을 그만하다 / worry about+사람 = ~을 걱정하다

나만의 문장 써 보기

듣고 따라 말해 보기

영작 모범 답안

MP3_076

① Not until yesterday, did I realize my mistake.

② Not until she called me, did I stop worrying about her.

189

DAY 077

Only then did I begin to feel at home.

그제서야 마음이 편안해지더라고.

문장 파헤치기

Only then+도치된 문장. = 그제서야 ~했다/였다.
Only later+도치된 문장. = 나중에서야 ~했다/였다.
→ 위 표현들에선 주로 '과거시제' 도치 문장이 많이 나옴.

Only then **did+주어+동사원형.** = 그제서야 **주어는 ~했다.**
Only then **was/were+주어+형용사.** = 그제서야 **주어는 ~였다.**

Only then **did I begin**	to feel at home.
그제서야 나는 시작했다	편안한 마음을 갖는 것을

begin to-동사원형 = ~하는 것을[~하기] 시작하다
feel at home = 편안한 마음을 갖다, 마음에 여유가 있다

Only then did I begin to feel at home.

[직역] 그제서야 나는 편안한 마음을 갖는 것을 시작했다.
[의역] 그제서야 마음이 편안해지더라고.

문장 3번 따라 쓰기

○

○

○

영작해서 2번씩 쓰기

① 나중에서야 나는 무슨 일이 일어났는지 알게 됐어.

○

○

힌트 realize what+동사 = 무엇이 ~하는지 깨닫다[알다] / happen = 일어나다, 발생하다

② 그제서야 난 그 상황을 이해할 수 있었어.

○

○

힌트 be able to-동사원형 = ~할 수 있다 / understand = 이해하다 / situation = 상황

나만의 문장 써 보기

○

○

○

듣고 따라 말해 보기

① Only later did I realize what had happened.

② Only then was I able to understand the situation.

Should I find your wallet, I will tell you.

네 지갑 찾게 되면 너한테 말해 줄게.

문장 파헤치기

'거의 확실한 상황'을 가정하는 문장의 경우, 아래와 같이 도치 가능.

If+주어+현재시제 동사, 주어+will+동사원형.

→ Should+주어+동사원형, 주어+will+동사원형.

Should+주어+동사원형, **주어+will+동사원형**.

Should+주어+<u>not</u>+동사원형, **주어+will+동사원형**.

= 주어가 ~하면/<u>~하지 않으면</u>, **주어는 ~할 것이다**.

Should I find **your wallet,**	I will tell you.
내가 너의 지갑을 찾으면,	내가 너에게 말할 것이다.

find = 찾다 / your wallet = 너의 지갑

<u>Should I find **your wallet**</u>, I will tell you.

[직역] 내가 너의 지갑을 찾으면, 내가 너에게 말할 것이다.

[의역] 네 지갑 찾게 되면 너한테 말해 줄게.

문장 3번 따라 쓰기

○

○

○

영작해서 2번씩 쓰기

① 너 지금 출발하지 않으면 지각하게 될 거야.

○

○

힌트 leave = 떠나다, 출발하다 / be late = 늦다, 지각하다

② 내일 비가 올 경우 경기는 취소될 것입니다.

○

○

힌트 rain = 비가 오다 → it rains. = 비가 온다. / be cancelled = 취소되다

나만의 문장 써 보기

○

○

○

듣고 따라 말해 보기

영작 모범 답안

MP3_078

① Should you not leave now, you will be late.

② Should it rain tomorrow, the game will be cancelled.

DAY 079

Were I to win the lottery, I'd buy a house.

난 복권에 당첨되면 집을 살 거야.

문장 파헤치기

'불확실/불가능한 상황'을 가정하는 문장의 경우, 아래와 같이 도치 가능.

If+주어+과거시제 동사, 주어+would+동사원형.

→ Were+주어+to-동사원형, 주어+would+동사원형.

Were+주어+to-동사원형, **주어+would+동사원형.**

Were+주어+<u>not to</u>-동사원형, **주어+would+동사원형.**

= 주어가 ~한다면/<u>~하지 않는다면</u>, 주어는 ~할 것이다.

Were I to win **the lottery,**	I'd(=I would) buy a house.
내가 복권에 당첨된다면,	나는 집을 살 것이다.

win <u>the lottery</u> = 복권에 당첨되다

<u>Were I to win</u> **the lottery,** I'd buy a house.

[직역] 내가 복권에 당첨된다면, 나는 집을 살 것이다.

[의역] 난 복권에 당첨되면 집을 살 거야.

문장 3번 따라 쓰기

◦

◦

◦

영작해서 2번씩 쓰기

① 그 사람(남자)이 내게 결혼하자고 하면, 난 '네'라고 말할 거야.

◦

◦

힌트 ask 사람 to-동사원형 = ~에게 ~할 것을 부탁하다 / marry+사람 = ~와 결혼하다

② 내가 가진 게 아무것도 없으면, 넌 여전히 나를 사랑할 거야?

◦

◦

힌트 have = 갖다, 소유하다 / anything = 무엇(이든), 아무(것도) / still = 여전히

나만의 문장 써 보기

◦

◦

◦

듣고 따라 말해 보기

영작 모범 답안

① Were he to ask me to marry him, I'd say 'yes'.

② Were I not to have anything, would you still love me?

Had I gone there, we would've met.

내가 거기 갔으면 우린 만났을 거야.

문장 파헤치기

'지나간 과거'에 대해 가정하는 문장의 경우, 아래와 같이 도치 가능.

If+주어+had p.p., 주어+would have p.p.

→ Had+주어+p.p., 주어+would have p.p.

Had+주어+p.p., **주어+would have p.p.**

Had+주어+not p.p., **주어+would have p.p.**

= 주어가 ~했더라면/~하지 않았더라면, **주어는 ~했을 것이다.**

Had I gone there,	we would've(=would have) met.
내가 그곳에 갔더라면,	우리는 만났을 것이다.

go = 가다 → [p.p.] gone / meet = 만나다 → [p.p.] met

Had I gone **there**, we would've met.

[직역] 내가 그곳에 갔더라면, 우리는 만났을 것이다.

[의역] 내가 거기 갔으면 우린 만났을 거야.

문장 3번 따라 쓰기

○

○

○

영작해서 2번씩 쓰기

① 내가 널 봤다면, 내가 인사했겠지.

○

○

힌트   see = 보다 / say hello = '안녕'이라고 말하다 → 인사하다

② 네가 나한테 말 안 했으면, 난 그걸 몰랐을 거야.

○

○

힌트   tell+사람 = ~에게 말하다 / know = 알다

나만의 문장 써 보기

○

○

○

듣고 따라 말해 보기

영작 모범 답안

MP3_080

① Had I seen you, I would've said hello.

② Had you not told me, I wouldn't have known it.

매일 1장

영어 쓰기습관

100일의 기적

CHAPTER 09
원어민 뺨치게 말하기 (1)

081 I tried to break the ice with a joke.

082 I was like a fish out of water there.

083 I'm a little under the weather today.

084 He acted as cool as a cucumber.

085 I just need to blow off some steam.

086 I can't afford to pay an arm and a leg.

087 This book is selling like hot cakes.

088 We will end this year in the black.

089 I usually tend to sit on the fence.

090 Everybody seemed to go with the flow.

I tried to break the ice with a joke.

난 농담으로 분위기를 좀 풀어 보려고 했어.

문장 파헤치기

'break the ice'는 직역하면 '얼음을 깨다'이지만, 실제로는 '어색함[서먹서먹함]을 풀다'라는 의미로 사용됩니다. '얼음(ice)' 같이 얼어 있는 분위기를 '깨뜨려서(break)' 사람들과 서먹서먹함을 푸는 장면을 상상하면 이해가 쉽겠죠?

break the ice = 얼음을 깨다? (X)
　　　　　　　 어색함[서먹서먹함]을 깨다 (O)

I	tried to break the ice	with a joke.
나는	어색함을 깨기 위해 노력했다	농담으로

try to-동사원형 = ~하기 위해 노력하다
with+명사 = ~으로, ~을 사용하여 / joke = 농담

I tried to break the ice with a joke.

[직역] 나는 농담으로 어색함을 깨기 위해 노력했다.
[의역] 난 농담으로 분위기를 좀 풀어 보려고 했어.

문장 3번 따라 쓰기

○

○

○

영작해서 2번씩 쓰기

① 어색함을 깨는 데엔 좋은[재미있는] 농담만한 게 없어.

○

○

힌트   There's nothing like 명사 to-동사원형. = ~하는 데엔 ~만한 게 없다.

② 그 사람(남자)은 간단한 질문 하나로 바로 서먹한 분위기를 풀었어.

○

○

힌트   immediately = 즉시, 바로 / simple question = 간단한 질문

나만의 문장 써 보기

○

○

○

듣고 따라 말해 보기

MP3_081

① There's nothing like a good joke to break the ice.

② He immediately broke the ice with a simple question.

I was like a fish out of water there.

나 거기서 좀 겉도는 느낌이었어.

문장 파헤치기

'a fish out of water'는 말 그대로 '물 밖에 나와 있는 물고기'를 의미할 수도 있지만 원래 살던 물 밖으로 나와 낯선 환경에 적응을 못하고 어색해하는 사람[상태], 즉 '꿔다 놓은 보릿자루'를 의미하는 표현으로도 쓰입니다.

a fish out of water = 물 밖에 나와 있는 물고기? (X)
　　　　　　　　　　　꿔다 놓은 보릿자루, 어색한[낯선] 상태 (O)

I	was like a fish out of water	there.
나는	꿔다 놓은 보릿자루와 같았다	그곳에서

like+명사 = ~와 같은
there = 그곳(에서)

I was like a fish out of water there.

[직역] 나는 그곳에서 꿔다 놓은 보릿자루와 같았다.
[의역] 나 거기서 좀 겉도는 느낌이었어.

문장 3번 따라 쓰기

○

○

○

영작해서 2번씩 쓰기

① 나 파티에서 꿔다 놓은 보릿자루 같은 느낌이었어.

○

○

힌트 feel like+명사 = ~와 같이 느끼다 / at the party = 파티에서

② 우리가 술집에 있었을 때 나 좀 소외되는 느낌이었어.

○

○

힌트 when 주어+동사 = 주어가 ~할 때 / at the bar = 술집에서

나만의 문장 써 보기

○

○

○

듣고 따라 말해 보기

MP3_082

① I felt like a fish out of water at the party.

② I felt like a fish out of water when we were at the bar.

I'm a little under the weather today.

나 오늘 몸이 좀 안 좋아.

문장 파헤치기

'under the weather'는 바다 위에 있던 배가 천둥 번개가 치고 폭우가 쏟아지는 나쁜 '날씨(weather)'의 영향권 '아래에(under)' 있는 걸 상상하면 이해가 쉽습니다. 그런 상황에선 '상황이[컨디션이] 좋지 않다'고 생각해 볼 수 있겠죠?

under the weather = 날씨 아래에 있는? (X)
몸이[컨디션이] 좋지 않은 (O)

I	am a little under the weather	today.
나는	약간 몸이 좋지 않다	오늘

a little = 약간, 조금
a little under the weather = 약간[조금] 몸이 좋지 않은

I'm a little under the weather today.

[직역] 나는 오늘 약간 몸이 좋지 않다.
[의역] 나 오늘 몸이 좀 안 좋아.

문장 3번 따라 쓰기

○

○

○

영작해서 2번씩 쓰기

① 나 그날 몸이 좀 안 좋았어.

○

○

힌트 that day = 그 날(에)

② 나 최근에 계속 몸이 좀 안 좋은 느낌이 들어.

○

○

힌트 have been 동사원형-ing = 계속 ~해오고 있다 / feel = 느끼다 / lately = 최근에

나만의 문장 써 보기

○

○

○

듣고 따라 말해 보기

영작 모범 답안

① I was a little under the weather that day.

② I've been feeling a little under the weather lately.

_____월 _____일

He acted as cool as a cucumber.

그 사람 굉장히 태연하게 행동하더라고.

문장 파헤치기

'as cool as a cucumber'는 더운 여름철에도 속살은 '시원함(cool)'을 유지하는 '오이(cucumber)'를 떠올리면 이해가 쉽습니다. 어떤 상황에서도 오이 같은 차가움을 유지하는 것은 결국 '아주 침착한/냉정한/태연한' 상태임을 뜻하는 거겠죠?

as cool as a cucumber = 오이만큼 차가운? (X)
아주 침착한[침착하게] (O)

He	acted	as cool as a cucumber.
그는	행동했다	아주 침착하게

act = 행동하다
act <u>as cool as a cucumber</u> = <u>아주 침착하게</u> 행동하다

He acted as cool as a cucumber.

[직역] 그는 아주 침착하게 행동했다.
[의역] 그 사람 굉장히 태연하게 행동하더라고.

문장 3번 따라 쓰기

○

○

○

영작해서 2번씩 쓰기

① 그 사람(여자)은 줄곧 침착한 상태였어.

○

○

힌트 all the time = 내내, 줄곧

② 우린 모든 것이 냉정함을 유지하길 바랍니다.

○

○

힌트 want everything (형용사) = 모든 것이 (~한 상태이길) 바라다

나만의 문장 써 보기

○

○

○

듣고 따라 말해 보기

영작 모범 답안

① She was as cool as a cucumber all the time.

② We want everything as cool as a cucumber.

I just need to blow off some steam.

나 그냥 화 좀 식혀야겠어.

문장 파헤치기

'blow off some steam'은 오래 전 증기기관차가 엔진 폭발을 막기 위해 '증기(steam)'를 밖으로 '빼내는(blow off)' 것을 상상하면 이해가 쉽습니다. 여기서 'steam'을 '스트레스, 분노'로 바꾸면 이해가 더더욱 쉽겠죠?

blow off some steam = 증기를 내뿜다? (X)
　　　　　　　　　　　스트레스를 풀다, 화를 식히다 (O)

I	just	need to blow off some steam.
나는	그저	화를 식혀야 한다.

need to-동사원형 = ~하는 것이 필요하다
→ 위의 말은 결국 '~해야 한다'로 해석 가능.

I just need to blow off some steam.

[직역] 나는 그저 화를 식혀야 한다.
[의역] 나 그냥 화 좀 식혀야겠어.

문장 3번 따라 쓰기

○

○

○

영작해서 2번씩 쓰기

① 너 화를 좀 식힐 필요가 있으면, 산책을 해 봐.

○

○

힌트 take a walk = 산책하다

② 스포츠는 스트레스를 푸는 아주 좋은 방법입니다.

○

○

힌트 great way to - 동사원형 = ~하는 아주 좋은 방법

나만의 문장 써 보기

○

○

○

듣고 따라 말해 보기

영작 모범 답안

MP3_085

① If you need to blow off some steam, take a walk.

② Sports are a great way to blow off some steam.

DAY 086

I can't afford to pay an arm and a leg.

나 큰돈 쓸 여력이 없어.

문장 파헤치기

'pay an arm and a leg'는 아주 오래 전 화가들이 초상화에서 '팔(arm)'과 '다리(leg)'를 그릴 때 돈을 더 받고 그렸다는 사실을 떠올리면 이해가 쉽습니다. 여기서 우리는 '팔과 다리 = 큰돈, 거액'이라고 유추해 볼 수 있겠죠?

pay an arm and a leg = 팔과 다리를 지불하다? (X)
　　　　　　　　　　　 큰돈을 쓰다[들이다] (O)

I	can't afford	to pay an arm and a leg.
나는	감당할 형편이 안 된다	큰돈을 쓰는 것을

afford to-동사원형 = ~하는 것을 감당할 형편이 되다
can't afford to-동사원형 = ~하는 것을 감당할 형편이 안 되다

I can't afford to pay an arm and a leg.

[직역] 나는 **큰돈을 쓰는 것을** 감당할 형편이 안 된다.
[의역] 나 큰돈 쓸 여력이 없어.

문장 3번 따라 쓰기

- ○
- ○
- ○

영작해서 2번씩 쓰기

① 나 거기에 큰돈을 써야 한다는 게 싫어.

- ○
- ○

힌트 hate to-동사원형 = ~하는 게 싫다 / have to-동사원형 = ~해야 한다

② 나 이미 이 신발에 큰돈을 쓴 상태야.

- ○
- ○

힌트 have already p.p. = 이미 ~한 상태이다 / shoes = (한 켤레의) 신발

나만의 문장 써 보기

- ○
- ○
- ○

듣고 따라 말해 보기

영작 모범 답안

① I hate to have to pay an arm and a leg for it.

② I've already paid an arm and a leg for these shoes.

This book is selling like hot cakes.

이 책 엄청 잘 나가고 있어.

'sell like hot cakes'는 오래 전 서양의 교회에서 사람들에게 '핫케익(hot cakes)'를 나눠 줬는데 그것이 너무 인기가 많아 'sell like hot cakes = 그렇게 인기 많은 핫케익처럼 팔리다 = 불티나게 팔리다'와 같이 유래되었다고 보시면 됩니다.

sell like hot cakes = 핫케익처럼 팔리다? (X)
불티나게 팔리다 (O)

This book	is selling like hot cakes.
이 책은	불티나게 팔리고 있는 중이다.

this book = 이 책
am/is/are 동사원형-ing = ~하고 있는 중이다 [현재진행시제]

This book is selling like hot cakes.

[직역] 이 책은 불티나게 팔리고 있는 중이다.
[의역] 이 책 엄청 잘 나가고 있어.

문장 3번 따라 쓰기

○

○

○

영작해서 2번씩 쓰기

① 그것들은 의심할 여지없이 굉장히 잘 팔릴 겁니다.

○

○

힌트   doubtlessly = 의심할 여지없이

② 그들의 신제품은 정말 불티나게 팔렸어.

○

○

힌트   new product = 새로운 제품, 신제품

나만의 문장 써 보기

○

○

○

듣고 따라 말해 보기

영작 모범 답안

① They will doubtlessly sell like hot cakes.

② Their new product sold like hot cakes.

DAY 088

We will end this year in the black.

우린 올해 흑자로 마무리하게 될 것입니다.

문장 파헤치기

'in the black, in the red'는 회사에서 이윤이 상승할 경우 '검은색(black)'으로 수치를 기록하고 하락할 경우 '빨간색(red)'으로 수치를 기록하는 것에서 유래되었다고 보시면 됩니다. 검은색이면 흑자, 빨간색이면 적자겠죠?

in the black / in the red = 검은색인? / 빨간색인? (X)
흑자인[로] / 적자인[로] (O)

We	will end	this year	in the black.
우리는	끝낼 것이다	이번 연도를	흑자로

end = 끝내다
this year = 올해, 금년, 이번 연도

We will end this year in the black.

[직역] 우리는 이번 연도를 흑자로 끝낼 것이다.
[의역] 우린 올해 흑자로 마무리하게 될 것입니다.

문장 3번 따라 쓰기

◦

◦

◦

영작해서 2번씩 쓰기

① 그 회사는 3년간 적자 상태를 이어 오고 있어.

◦

◦

힌트　have[has] been 형용사/전치사구 = (현재까지) ~인 상태를 이어 오다

② 저희는 1년간 거액의 손실을 입고 난 후 흑자 상태로 돌아왔습니다.

◦

◦

힌트　be back = 돌아오다 / a year of <u>heavy losses</u> = 1년의 큰[거액의] 손실

나만의 문장 써 보기

◦

◦

◦

듣고 따라 말해 보기

영작 모범 답안

① The company has been in the red for 3 years.

② We are back in the black after a year of heavy losses.

I usually tend to sit on the fence.

난 보통 중립을 지키는 편이야.

문장 파헤치기

'sit on the fence'는 두 개의 땅을 가르는 '울타리(fence)'를 떠올리면 이해가 쉽습니다. 이 울타리를 중심으로 두 땅 중 어느 곳으로도 가지 않고 울타리 위에 '앉아(sit)' 버리면 그 어떤 것도 선택하지 않는 '중립의 입장'이라 볼 수 있겠죠?

sit on the fence = **울타리 위에 앉다? (X)**
중립적인 태도를 취하다 (O)

I	usually	**tend to** sit on the fence.
나는	보통	중립적인 태도를 취하는 경향이 있다

usually = 주로, 대개, 보통
tend to-동사원형 = ~하는 경향이 있다

I usually <u>tend to</u> sit on the fence.

[직역] 나는 보통 중립적인 태도를 취하는 경향이 있다.
[의역] 난 보통 중립을 지키는 편이야.

문장 3번 따라 쓰기

◦

◦

◦

영작해서 2번씩 쓰기

① 넌 더 이상 중립적인 태도로 일관할 수 없을 거야.

◦

◦

힌트 You can't 동사원형. = 넌 ~할 수 없다. / any longer = 더 이상, 이제는

② 네 친구들이 싸울 땐, 그냥 중립을 지켜.

◦

◦

힌트 when 주어+동사 = 주어가 ~할 때 / argue = 다투다 / just = 그냥, 그저

나만의 문장 써 보기

◦

◦

◦

듣고 따라 말해 보기

영작 모범 답안

MP3_089

① You can't sit on the fence any longer.

② When your friends argue, just sit on the fence.

Everybody seemed to go with the flow.

모두가 대세를 따라가는 것 같더라고.

문장 파헤치기

'go with the flow'는 '흐름(flow)'에 몸을 맡긴 채 이와 함께 '가는(go)' 것을 상상하면 이해하기 쉽습니다. 그렇게 흐름에 몸을 맡겨 가면 가는 대로 자연스럽게 따라가는 것은 결국 '대세를 따른다'는 의미로 생각해 볼 수 있겠죠?

go with the flow = **흐름과 함께 가다? (X)**
　　　　　　　　　 대세를 따르다 (O)

Everybody	seemed to go with the flow.
모두가	대세를 따르는 것처럼 보였다.

seem to-동사원형 = ~하는 것처럼 보이다
seem to <u>go with the flow</u> = <u>대세를 따르는</u> 것처럼 보이다

Everybody <u>seemed to</u> go with the flow.

[직역] 모두가 대세를 따르는 것처럼 보였다.
[의역] 모두가 대세를 따라가는 것 같더라고.

문장 3번 따라 쓰기

◌

◌

◌

영작해서 2번씩 쓰기

① 난 다른 모든 사람들처럼 대세를 따를 거야.

◌

◌

힌트 like+명사 = ~와 같이, ~처럼 / everyone else = 다른 모든 사람

② 가끔은 그냥 대세를 따르는 게 더 나아.

◌

◌

힌트 sometimes = 가끔(은) / It's better to-동사원형. = ~하는 것이 더 낫다.

나만의 문장 써 보기

◌

◌

◌

듣고 따라 말해 보기

MP3_090

① I will go with the flow like everyone else.

② Sometimes it's better to just go with the flow.

매일 1장

영어 쓰기 습관

100일의 기적

CHAPTER **10**

원어민 뺨치게 말하기 (2)

DAY 091

I promise I won't spill the beans.

나 꼭 비밀을 지키겠다고 약속할게.

문장 파헤치기

오래 전 고대 그리스에선 찬반 투표를 할 때 찬성은 흰콩, 반대는 검은콩을 썼는데 여기서 누군가 '콩(beans)'을 '흘리기(spill)'라도 하면 '자신의 의견 = 비밀'을 누설하는 꼴이 됩니다. 'spill the beans'는 바로 여기서 파생된 표현입니다.

spill the beans = 콩을 흘리다? (X)
비밀을 누설하다 (O)

I	promise	I won't spill the beans.
나는	약속한다	내가 비밀을 누설하지 않을 것이라고

I promise 문장. = 나는 ~이라고 약속한다.
won't+동사원형 = ~하지 않을 것이다

I promise I won't spill the beans.

[직역] 나는 내가 비밀을 누설하지 않을 것이라고 약속한다.
[의역] 나 꼭 비밀을 지키겠다고 약속할게.

문장 3번 따라 쓰기

○

○

○

영작해서 2번씩 쓰기

① 나 진짜 비밀을 말하고 싶어 죽겠어.

○

○

힌트 be (really) tempted to-동사원형 = (정말) ~하고 싶은 유혹을 받다

② 나 실수로 우리 파티에 대한 비밀을 말해 버렸어.

○

○

힌트 accidently = 실수로, 우연히 / our party = 우리의[우리가 여는] 파티

나만의 문장 써 보기

○

○

○

듣고 따라 말해 보기

영작 모범 답안

MP3_091

① I'm really tempted to spill the beans.

② I accidently spilled the beans about our party.

DAY 092

He stabbed me in the back badly.

나 걔한테 뒤통수 제대로 맞았어.

문장 파헤치기

'stab someone in the back'은 말 그대로 누군가의 등을 칼로 찌르는 걸 상상하면 이해가 쉽습니다. 등 뒤에서 찌르는 것은 '방심하고 있는 상대방에게 위해'를 가하는 것이니 결국 '뒤통수를 치다, 배신하다'라는 뜻으로 이해할 수 있겠죠?

stab someone in the back = ~의 등을 찌르다? (X)
~의 뒤통수를 치다, ~을 배신하다 (O)

He	stabbed me in the back	badly.
그는	내 뒤통수를 쳤다	심하게

badly = 몹시, 심하게
→ 'badly'는 '몹시[간절히] 바란다/필요하다'와 같이 말할 때에도 사용.

He stabbed me in the back **badly.**

[직역] 그는 내 뒤통수를 심하게 쳤다.
[의역] 나 걔한테 뒤통수 제대로 맞았어.

문장 3번 따라 쓰기

○

○

○

영작해서 2번씩 쓰기

① 걔들은 서로 배신 안 해.

○

○

힌트 each other = 서로

② 내 친구가 날 배신하다니 믿을 수가 없어.

○

○

힌트 I can't believe 문장. = 난 ~라는 걸 믿을 수가 없다.

나만의 문장 써 보기

○

○

○

듣고 따라 말해 보기

영작 모범 답안

MP3_092

① They don't stab each other in the back.

② I can't believe my friend stabbed me in the back.

I think you are barking up the wrong tree.

내 생각에 너 헛다리 짚고 있어.

문장 파헤치기

'bark up the wrong tree'는 사냥감이 숨어 있지 않은 '엉뚱한 나무(wrong tree)'를 향해 개가 '짖고(bark)' 있는 장면을 상상하면 이해가 쉽습니다. 엉뚱한 나무를 향해 짖는다는 건 결국 '잘못 짚다, 헛다리 짚다'라는 뜻으로 이해 가능하겠죠?

bark up the wrong tree = **틀린 나무를 향해 짖다? (X)**
                          잘못 짚다, 헛다리 짚다 (O)

I think	**you** are barking up the wrong tree.
나는 생각한다	네가 헛다리를 짚고 있는 중이라고

I think 문장. = 나는 ~이라고 생각한다.
am/is/are 동사원형 – ing = ~하고 있는 중이다 [현재진행시제]

I think you are barking up the wrong tree.

[직역] 나는 네가 헛다리를 짚고 있는 중이라고 생각한다.
[의역] 내 생각에 너 헛다리 짚고 있어.

문장 3번 따라 쓰기

⊙

⊙

⊙

영작해서 2번씩 쓰기

① 걔(남자) 확실히 헛다리 짚고 있어.

⊙

⊙

힌트 definitely = 분명히, 확실히

② 우린 지금까지 잘못 짚어왔던 겁니다.

⊙

⊙

힌트 have been 동사원형-ing = (현재까지 쭉) ~해오고 있다 / so far = 지금까지

나만의 문장 써 보기

⊙

⊙

⊙

듣고 따라 말해 보기

영작 모범 답안

① He is definitely barking up the wrong tree.

② We've been barking up the wrong tree so far.

DAY 094

Would you stop beating around the bush?

빙빙 돌려 말하는 것 좀 그만해 줄래?

문장 파헤치기

'beat around the bush'는 오래 전 사냥을 할 때 '덤불(bush)' 속에 사나운 동물이 숨어 있을 수도 있으니 덤불을 막 치지 않고 그 '주변(around)'을 살살 '치는(beat)' 것에서 유래된 표현이라고 합니다. 말 그대로 '빙 둘러 가는' 느낌이죠?

beat around the bush = **덤불 주변을 치다? (X)**
빙 둘러 말하다, 돌려서 말하다 (O)

Would you stop	beating around the bush?
멈춰 주시겠습니까?	빙 둘러 말하는 것을?

Would you 동사원형? = ~해 주시겠습니까?
stop+동사원형-ing = ~하는 것을 멈추다[그만두다]

Would you stop beating around the bush?

[직역] 빙 둘러 말하는 것을 멈춰 주시겠습니까?
[의역] 빙빙 돌려 말하는 것 좀 그만해 줄래?

문장 3번 따라 쓰기

○

○

○

영작해서 2번씩 쓰기

① 나 이거에 대해서 빙 돌려 말하지 않을게.

○

○

힌트 I'm not going to-동사원형. = 나는 ~하지 않을 것이다.

② 돌려 말하지 말고, 그냥 요점을 말해.

○

○

힌트 just = 그냥, 그저 / get to the point = 핵심에 이르다 → 요점을 언급하다

나만의 문장 써 보기

○

○

○

듣고 따라 말해 보기

영작 모범 답안

① I'm not going to beat around the bush about this.

② Don't beat around the bush, just get to the point.

DAY 095

Why don't you just cut to the chase?

그냥 바로 본론으로 들어가시죠?

문장 파헤치기

'cut to the chase'에서 'cut'은 '자르다'가 아닌 '(TV 장면 등이) ~로 바뀌다'라는 뜻이며, 'chase'는 옛날 영화에 나오는 흥미진진한 추격신을 뜻합니다. 재미없는 장면 다 건너뛰고 바로 '추격전 = 본론'이 나오는 걸 상상하면 이해가 쉽겠죠?

cut to the chase = **추격전으로 바뀌다? (X)**
　　　　　　　　　바로 본론으로 들어가다 (O)

Why don't you	**just** cut to the chase?
~하는 게 어때요?	그냥 바로 본론으로 들어가는

Why don't you 동사원형? = ~하는 게 어때요?
→ 상대방에게 어떤 것을 하라고 제안하는 표현.

Why don't you just cut to the chase?

[직역] 그냥 바로 본론으로 들어가는 게 어때요?
[의역] 그냥 바로 본론으로 들어가시죠?

문장 3번 따라 쓰기

○

○

○

영작해서 2번씩 쓰기

① 그냥 바로 본론으로 들어가 시작하도록 합시다.

○

○

힌트 Let's 동사원형. = ~합시다. / get started = 시작하다

② 그만 빙빙 돌려 말하고 본론으로 들어가.

○

○

힌트 stop 동사원형-ing = ~하는 것을 멈추다[그만두다]

나만의 문장 써 보기

○

○

○

듣고 따라 말해 보기

MP3_095

영작 모범 답안

① Let's just cut to the chase and get started.

② Stop beating around the bush and cut to the chase.

I didn't have to twist his arm too hard.

나 그렇게 강압적으로 걔 설득할 필요가 없었어.

문장 파헤치기

'twist someone's arm'은 범죄자를 굴복시키기 위해 경찰관이 범죄자의 '팔(arm)'을 '비틀어서 (twist)' 제압하는 장면을 상상하면 이해가 쉽습니다. 이는 곧 누군가가 내 말을 듣도록 '설득하다, 강요하다'라는 의미로 생각해 볼 수 있겠죠?

twist someone's arm = ~의 팔을 비틀다? (X)
~을 설득[강요]하다 (O)

I	didn't have to twist his arm	too hard.
나는	그를 설득할 필요가 없었다	너무 강하게

don't have to-동사원형 = ~할 필요가 없다
hard = 세게, 강하게 / too+부사 = 너무 ~하게

I didn't have to twist his arm **too hard.**

[직역] 나는 너무 강하게 그를 설득할 필요가 없었다.
[의역] 나 그렇게 강압적으로 걔 설득할 필요가 없었어.

문장 3번 따라 쓰기

◦

◦

◦

영작해서 2번씩 쓰기

① 우린 그 누구도 설득할 필요가 없었어.

◦

◦

힌트 anybody = 누구(든), 아무(나)

② 걔(남자)가 콘서트에 같이 가자고 날 설득했어.

◦

◦

힌트 go to+행사 = ~에 가다 / together = 함께 / to-동사원형 = ~하려고[하기 위해]

나만의 문장 써 보기

◦

◦

◦

듣고 따라 말해 보기

MP3_096

① We didn't have to twist anybody's arm.

② He twisted my arm to go to the concert together.

DAY 097

I thought they were pulling my leg.

난 걔들이 날 놀리고 있는 줄 알았어.

문장 파헤치기

'pull someone's leg'는 누군가를 골탕 먹이기 위해 바닥에 줄을 낮게 설치한 다음 그 사람이 지나
갈 때 줄을 '잡아당겨서(pull)' 그 줄에 그 사람의 '다리(leg)'가 걸려 넘어지는 걸 상상하면 이해가 쉽
습니다. 누군가를 '놀리는' 느낌이죠?

pull someone's leg = ~의 다리를 잡아당기다? (X)
                      ~을 놀리다 (O)

I thought	they were pulling my leg.
나는 생각했다.	그들이 나를 놀리고 있었다고

I thought 문장. = 나는 ~이라고 생각했다.
was/were 동사원형-ing = ~하고 있었다 [과거진행시제]

I thought they were pulling my leg.

[직역] 나는 그들이 나를 놀리고 있었다고 생각했다.
[의역] 난 걔들이 날 놀리고 있는 줄 알았어.

문장 3번 따라 쓰기

◦

◦

◦

영작해서 2번씩 쓰기

① 걔(여자) 진지한 거야, 아니면 그냥 나 놀리고 있는 거야?

◦

◦

힌트 serious = 심각한, 진지한 / A or B? = A인 거야, 아니면 B인 거야?

② 걔(남자) 믿지 마. 걔 그냥 너 놀리고 있는 거야.

◦

◦

힌트 Don't+동사원형. = ~하지 말아라. / believe+사람 = ~을 믿다

나만의 문장 써 보기

◦

◦

◦

듣고 따라 말해 보기

영작 모범 답안

① Is she serious or just pulling my leg?

② Don't believe him. He is just pulling your leg.

DAY 098

You don't want to miss the boat.

너 기회를 놓치지 않는 게 좋을 거야.

문장 파헤치기

'miss the boat'는 말 그대로 내가 타려고 예정되어 있던 '배(boat)'를 부둣가에 늦게 도착해서 '놓치는(miss)' 장면을 상상하면 이해가 쉽습니다. 내게 필요했던 것을 놓친 셈이니, 이는 결국 '기회'를 놓쳤다고 생각해 볼 수 있겠죠?

miss the boat = **배를 놓치다? (X)**
　　　　　　　 기회를 놓치다 (O)

You don't want	**to** miss the boat.
너는 원하지 않는다	기회를 놓치는 것을

You don't want to-동사원형. = [직역] 너는 ~하는 것을 원하지 않는다.
→ 위 표현은 '너는 ~하지 않는 게 좋다'라는 뉘앙스로 사용.

You don't want to miss the boat.

[직역] 너는 기회를 놓치는 것을 원하지 않는다.
[의역] 너 기회를 놓치지 않는 게 좋을 거야.

문장 3번 따라 쓰기

◦

◦

◦

영작해서 2번씩 쓰기

① 너 정말 이거에 있어서 기회를 날려 버린 거야.

◦

◦

힌트 miss the boat <u>on</u>+명사 = ~에 있어서 기회를 놓치다 / this one = 이것

② 너 지금 주식을 사지 않으면 기회를 놓치게 될 거야.

◦

◦

힌트 buy = 사다, 구입하다 / share = 몫; 지분, 주식

나만의 문장 써 보기

◦

◦

◦

듣고 따라 말해 보기

영작 모범 답안

① You really missed the boat on this one.

② You will miss the boat if you don't buy shares now.

You've hit the nail on the head here.

너 지금 정곡을 찔렀어.

문장 파헤치기

'hit the nail on the head'는 말 그대로 '못(nail)'의 '머리 위(on the head)'를 '치는(hit)' 것을 상상하면 이해가 쉽습니다. 못이 벽에 제대로 박히려면 정확히 못의 머리를 내려쳐야 하고, 이것이 바로 '정곡을 찌른다'는 의미로 해석 가능합니다.

hit the nail on the head = 못의 머리를 치다? (X)
                                      정곡을 찌르다 (O)

You	have hit the nail on the head	here.
너는	정곡을 찌른 상태이다	지금

have p.p. = (결과적으로 현재) ~한 상태이다
here = 여기(에); 지금, 이 시점에

You've hit the nail on the head **here.**

[직역] 너는 지금 정곡을 찌른 상태이다.
[의역] 너 지금 정곡을 찔렀어.

문장 3번 따라 쓰기

◦

◦

◦

영작해서 2번씩 쓰기

① 그분(여자)이 그 답변으로 정곡을 제대로 찔렀어요.

◦

◦

힌트 with+명사 = ~으로, ~을 사용하여 / that answer = 그 답변

② 내 생각에 그 사람(남자)이 그걸 말했을 때 정곡을 찔렀어.

◦

◦

힌트 when 주어+동사 = 주어가 ~할 때 / say = 말하다

나만의 문장 써 보기

◦

◦

◦

듣고 따라 말해 보기

영작 모범 답안

MP3_099

① She really hit the nail on the head with that answer.

② I think he hit the nail on the head when he said that.

DAY 100

I'm on cloud nine at the moment.

나 지금 기분이 날아갈 것 같아.

문장 파헤치기

'on cloud nine'은 천국으로 갈 때 아홉 개로 된 구름 계단을 걸어 올라가야 하는데, 이 중 '아홉 번째 구름(cloud nine)'이 천국에 가기 직전인 계단이기 때문에 '행복의 절정[극치]'을 뜻하는 것에서 유래되었다는 설이 있습니다.

on cloud nine = **아홉 번째 구름 위에 있는? (X)**
　　　　　　　정말 너무나 행복한 (O)

I	am on cloud nine	at the moment.
나는	정말 너무나 행복하다	지금

at the moment = 지금, 현재
→ 위 표현은 '(콕 집어) 지금' 혹은 '(전반적인) '현재'를 나타내는 표현.

I'm on cloud nine at the moment.

[직역] 나는 지금 정말 너무나 행복하다.
[의역] 나 지금 기분이 날아갈 것 같아.

문장 3번 따라 쓰기

○

○

○

영작해서 2번씩 쓰기

① 난 승진했을 때 정말이지 기분이 날아갈 것 같았어.

○

○

힌트 get <u>the promotion</u> = 승진을 얻다 → 승진하다

② 우린 지난 며칠 동안 정말이지 너무 큰 행복을 누리고 있어요.

○

○

힌트 have p.p. = (현재까지 쭉) ~해왔다 / for <u>the past few days</u> = 지난 며칠 동안

나만의 문장 써 보기

○

○

○

듣고 따라 말해 보기

영작 모범 답안

MP3_100

① I was on cloud nine when I got the promotion.

② We've been on cloud nine for the past few days.

매일 1장

영어 쓰기습관

100일의 기적

부록

핵심 표현 총정리

CHAPTER 01 추임새 넣어 말하기

한국어로도 '나 그냥 잘래. / 실은 나 피곤해.'와 같이 다양한 추임새(그냥, 실은)를 넣어 말하듯, 영어에도 이 같은 추임새가 존재합니다. 원어민들이 가장 많이 쓰는 추임새는 크게 아래와 같으며, 회화에서 거의 입에 달고 산다고 보시면 됩니다.

① just | 그냥, 그저

I <u>just</u> want to sleep. = 나 <u>그냥</u> 자고 싶어.

② actually | 사실, 실은

<u>Actually</u>, I'm tired. = <u>사실</u>, 나 피곤해.

③ kind of | 좀, 약간, 어느 정도

I'm <u>kind of</u> nervous. = 나 <u>약간</u> 긴장돼.

④ or something | ~(이)거나 뭐 그런 것

His name is Tom <u>or something</u>. = 걔 이름이 <u>탐인가 뭔가</u> 그래.

⑤ to be honest | 솔직히

<u>To be honest</u>, I just want to sleep. = <u>솔직히</u>, 나 그냥 자고 싶어.

⑥ unfortunately | 유감스럽게도, 아쉽게도

<u>Unfortunately</u>, I have other plans. = <u>아쉽게도</u>, 나 다른 계획이 있어.

⑦ I mean | 내 말은

<u>I mean</u>, we don't have a choice. = <u>내 말은</u>, 우린 선택권이 없다고.

⑧ you know | 알잖아, 있잖아

<u>You know</u>, I'm on your side. = <u>알잖아</u>, 난 네 편이야.

⑨ well | 글쎄, 그게, 음, 저

<u>Well</u>, it's kind of hard to explain. = <u>음</u>, 설명하기가 좀 힘드네.

CHAPTER 02

덩어리 표현으로 말하기

영어에는 '단어+전치사' 형태로 된 다양한 덩어리 표현들이 존재하며, 이 표현들은 각각의 단어/전치사의 해석만으론 절대 그 뜻을 알 수 없기 때문에 그냥 통째로 의미를 익혀야 합니다. 원어민이 잘 쓰는 대표적인 덩어리 표현들은 아래와 같습니다.

① **used to – 동사원형** │ 한때 ~하곤 했다

I <u>used to</u> love rainy days. = <u>한때</u> 난 비 오는 날이 <u>좋았어</u>.

② **be used to + 명사/동사원형 – ing** │ ~에 익숙하다

I'<u>m used to</u> being alone. = 난 혼자 있는 거<u>에 익숙해</u>.

③ **end up + 동사원형 – ing** │ 결국 ~하다

I <u>ended up</u> falling asleep. = <u>결국</u> 난 잠<u>들었어</u>.

④ **figure out + 명사** │ ~을 알아내다/이해하다

I'll <u>figure out</u> what happened. = 무슨 일이 일어났는지 <u>알아낼게</u>.

⑤ **run out of + 명사** │ ~이 떨어지다/바닥나다

We <u>are running out of</u> time. = 우린 시간이 <u>바닥나고 있어</u>.

⑥ **get rid of + 명사** │ ~을 없애다/제거하다

I want to <u>get rid of</u> my eyebags. = 나 다크서클을 <u>없애고</u> 싶어.

⑦ **come up with + 명사** │ ~을 생각해내다

I've <u>come up with</u> a great idea. = 나 좋은 아이디어를 <u>생각해냈어</u>.

⑧ **catch up on + 명사** │ ~을 따라잡다/만회하다

I have some work to <u>catch up on</u>. = 나 <u>따라잡아야</u> 할 일이 좀 있어.

⑨ **miss out on + 명사** │ ~을 놓치다

Don't <u>miss out on</u> this opportunity. = 이 기회를 <u>놓치지</u> 마세요.

CHAPTER 03 뉘앙스를 살려 말하기

앞서 배운 덩어리 표현과 마찬가지로, 각각의 단어 뜻만 해석해선 진짜 그 의미를 알 수 없는 다양한 회화 표현들이 존재합니다. 이러한 표현들은 통째로 그 의미를 파악한 뒤 그것이 가진 '뉘앙스'를 살려 말하는 연습을 반드시 해야 합니다.

① **can't wait to - 동사원형** │ 빨리 ~하고 싶다
   I can't wait to see you again. = 널 빨리 다시 보고 싶다.

② **can't help 동사원형 - ing** │ ~하지 않을 수 없다
   I can't help laughing at the joke. = 난 그 농담에 웃지 않을 수 없다.

③ **could use 명사** │ ~가 필요하다/있으면 좋겠다
   I could use some coffee. = 나 커피 좀 있으면[마시면] 좋겠다.

④ **I doubt that ~** │ 나는 ~일지 모르겠다.
   I doubt that he will come. = 나는 그가 올지 모르겠다.

⑤ **I'll pretend ~** │ 나는 ~인 걸로 여기겠다.
   I'll pretend I didn't see you. = 나는 널 못 본 걸로 여기겠다.

⑥ **I'd rather 동사원형.** │ 나는 차라리 ~하겠다.
   I'd rather stay home. = 나는 차라리 집에 있겠다.

⑦ **You don't want to - 동사원형.** │ 너는 ~하지 않는 게 좋을 거다.
   You don't want to know it. = 넌 그걸 알지 않는 게 좋을 거다.

⑧ **It turned out to be ~** │ 그것은 ~인 것으로 드러났다.
   It turned out to be true. = 그것은 사실인 것으로 드러났다.

⑨ **It's no wonder that ~** │ ~인 것은 당연하다.
   It's no wonder that he is rich. = 그가 부자인 것은 당연하다.

CHAPTER 04 정중한 말투로 묻기

한국어로도 '나 이거 하고 싶어'보다는 '제가 이걸 해도 괜찮을까요?'라고 묻는 것이 더 예의 바른 것처럼, 영어에도 이러한 정중한 말투의 표현들이 존재합니다. 아래에 나와 있는 표현들은 원어민이 가장 많이 쓰는 정중한 말투의 표현들 중 일부입니다.

① **Would you like ~?** | ~을 원하시나요/드릴까요?

Would you like something to drink? = 마실 것 좀 드릴까요?

② **How would you like ~?** | ~을 어떻게 해 드릴까요?

How would you like your steak? = 스테이크를 어떻게 해 드릴까요?

③ **Would you mind if ~?** | ~라도 괜찮을까요?

Would you mind if I sat here? = 여기 앉아도 괜찮을까요?

④ **Would it be possible to ~?** | ~할 수 있을까요?

Would it be possible to get a day off? = 휴가를 낼 수 있을까요?

⑤ **Could you ~?** | ~해 주실 수 있나요?

Could you tell me where it is? = 그게 어디인지 말해 주실 수 있나요?

⑥ **May I ~?** | ~해도 될까요?

May I see your passport? = 여권을 봐도 될까요?

⑦ **Did you get a chance to ~?** | 혹시 ~해 보셨나요?

Did you get a chance to read it? = 혹시 그거 읽어 보셨나요?

⑧ **Is there any way to ~?** | ~할 방법 없을까요?

Is there any way to fix this? = 이거 고칠 방법 없을까요?

⑨ **I was wondering if ~** | ~인지 궁금하네요.

I was wondering if you could come. = 오실 수 있는지 궁금하네요.

CHAPTER 05 에둘러 의견 말하기

한국어로도 '나 그거 못 해'보다는 '미안하지만 나 그거 못 할 것 같아'라고 말하는 게 더 완곡한 표현이듯, 영어에도 에둘러서 나의 의견을 말할 수 있는 표현들이 존재합니다. 아래는 그와 같은 표현들 중 가장 많이 쓰는 것들을 엄선해 놓은 것입니다.

① **I'm afraid I can't ~** | 미안하지만 난 못 ~할 것 같다.
I'm afraid I can't make it. = 미안하지만 난 못 갈 것 같다.

② **I'd love to, but ~** | 정말 그러고 싶다, 하지만 ~이다.
I'd love to, but I can't. = 정말 그러고 싶어, 하지만 난 못 해.

③ **Personally, I think ~** | 개인적으로, 난 ~라고 생각한다.
Personally, I think it's easy. = 개인적으로, 난 그게 쉽다고 생각해.

④ **I feel that ~** | 난 ~라고 생각한다.
I feel that we have to go now. = 난 우리가 지금 가야 한다고 생각해.

⑤ **It seems to me that ~** | 내겐 ~인 것처럼 보인다.
It seems to me that he's right. = 내겐 그가 맞는 것처럼 보여.

⑥ **I'd appreciate it if ~** | ~라면 정말 고맙겠다.
I'd appreciate it if you would come. = 네가 와 준다면 정말 고맙겠어.

⑦ **It would be great if ~** | ~라면 좋겠다.
It would be great if we could meet. = 우리가 만날 수 있다면 좋겠어.

⑧ **Why don't you ~?** | (당신이) ~해 보는 건 어때?
Why don't you give him a call? = 그에게 전화해 보는 건 어때?

⑨ **How about ~?** | (우리가) ~하는 건 어떨까?
How about meeting tomorrow? = 우리 내일 만나는 건 어떨까?

'이건 심각한 문제야'라고 말하기보다 '이건 상당히 심각한 문제야'라고 강조해서 말하고 싶을 경우, 혹은 이와 비슷하게 어떠한 대상/정보/행동을 한층 강조해서 말하고 싶을 경우 아래와 같은 다양한 강조 표현들을 활용하여 말할 수 있습니다.

① **such** │ 그런, 정말

I've never seen <u>such</u> a thing. = 난 <u>그런</u> 건 본 적이 없어.

② **quite** │ 꽤, 상당한, 상당히

It' <u>quite</u> a serious problem. = 이건 <u>상당히</u> 심각한 문제야.

③ **every single** │ 각각의 모든

I remember <u>every single</u> word. = 난 <u>(각각의) 모든</u> 말을 다 기억해.

④ **too 형용사 to - 동사원형** │ ~하기엔 너무 ~한

It's <u>too difficult to understand.</u> = 그건 이해하기에 너무 어려워.

⑤ **do/does/did + 동사원형** │ 정말 ~한다/했다

We <u>did make</u> a mistake. = 우리가 <u>정말</u> 실수를 저질렀다.

⑥ **What + 명사!** │ 정말 ~이다!

<u>What</u> a coincidence! = <u>정말</u> 우연이다!

⑦ **What I mean is that ~** │ 내 말은 ~이다.

<u>What I mean is that</u> you're wrong. = <u>내 말은</u> 네가 틀렸다는 거야.

⑧ **nowhere near** │ 한참 ~하지 않은 상태인

I'm <u>nowhere near</u> ready. = 난 <u>한참 준비되지 않은 상태</u>이다.

⑨ **no matter what/how ~** │ 무엇을 ~하든지 간에, 아무리 ~이어도

I'll leave <u>no matter what</u> you say. = <u>네가 뭐라고 말하든</u> 난 떠날 거야.

CHAPTER 07 고난도 시제로 말하기

영어엔 우리가 흔히 알고 있는 기본적인 시제 외에도 '과거완료시제, 미래완료시제'와 같은 복잡한 고난도 시제 또한 존재합니다. 이들은 한국어엔 없는 시제이기 때문에 차근차근 익히면서 다양한 예문을 보며 그 느낌을 체득하는 것이 중요합니다.

① **had p.p.** | ~했었다
I had left my phone. = 난 내 전화기를 두고 왔었다.

② **had already/just p.p.** | 이미/막 ~했었다
I had just fallen asleep. = 난 막 잠이 들었었다.

③ **hadn't p.p.** | ~하지 않았었다
I thought he hadn't come. = 난 그가 안 왔었다고 생각했다.

④ **had never p.p.** | 전혀 ~한 적이 없었다
I had never been there. = 난 그곳에 전혀 가 본 적이 없었다.

⑤ **had been 동사원형 – ing** | 쭉 ~했던 상태였다
It had been snowing for days. = 며칠 동안 쭉 눈이 내린 상태였다.

⑥ **will have p.p.** | ~한 상태일 것이다
I will have finished it by noon. = 정오쯤엔 그걸 끝낸 상태일 것이다.

⑦ **will have been 동사원형 – ing** | ~해온 게 될 것이다
I will have been working for 3 years. = 난 3년간 일해온 게 될 것이다.

⑧ **won't have p.p.** | ~하지 않은 상태일 것이다
I won't have finished it by then. = 그때까진 그걸 못 끝냈을 것이다.

⑨ **Will 주어 have p.p.?** | 주어가 ~한 상태이려나?
Will you have gone to bed? = (그때쯤이면) 넌 자러 갔으려나?

CHAPTER 08 도치시켜 말하기

영어에서 평서문의 기본 어순은 '주어+동사'입니다. 그런데 무언가 강조하고 싶은 포인트가 있을 경우 어순이 변경(도치)되기도 하는데, 주로 주어와 동사의 위치가 바뀐다고 보시면 됩니다. 아래는 이 같은 '도치' 용법의 대표적인 예시들입니다.

① Not once + 도치 | 단 한 번도 ~지 않았다

Not once did he come here. = 그는 단 한 번도 여기 오지 않았다.

② On no account + 도치 | 무슨 일이 있어도 ~지 말아야 한다

On no account must you go. = 무슨 일이 있어도 넌 가지 말아야 한다.

③ Not only + 도치, but + 문장 | ~일 뿐만 아니라, ~이다

Not only is it light, but it's also small. = 이건 가벼울 뿐만 아니라 작다.

④ No sooner + 도치 than + 문장 | ~하자마자 ~이다

No sooner had I arrived than it rained. = 내가 도착하자마자 비가 왔다.

⑤ Not until + 문장/명사, 도치 | ~이고 나서야 ~였다

Not until yesterday, did I meet him. = 어제가 되어서야, 그를 만났다.

⑥ Only then + 도치 | 그제서야 ~했다

Only then did I realize it. = 그제서야 난 그걸 알아차렸다.

⑦ Should + 주어 + 동사원형 | 주어가 ~하면 (확실한 가정)

Should I find your wallet = 내가 당신 지갑을 찾는다면

⑧ Were + 주어 + to - 동사원형 | 주어가 ~하면 (불확실한 가정)

Were I to win the lottery = 내가 복권에 당첨된다면

⑨ Had + 주어 + p.p. | 주어가 ~했더라면 (과거 시점의 가정)

Had you told me that = 네가 나에게 그걸 말했더라면

CHAPTER 09 원어민 뺨치게 말하기 (1)

한국어로도 '시간을 잡아먹다, 다람쥐 쳇바퀴 돌 듯하다'와 같은 표현들이 존재하듯, 영어에도 이처럼 기계적인 해석으로는 접근이 불가능한 다양한 '관용적 표현들'이 존재합니다. 아래는 원어민들이 가장 많이 쓰는 관용적 표현들 중 일부입니다.

① **break the ice** | 어색함을 깨다
   I tried to break the ice. = 난 어색함을 깨려고 노력했어.

② **a fish out of water** | 꿔다 놓은 보릿자루
   I was like a fish out of water. = 난 꿔다 놓은 보릿자루 같았어.

③ **under the weather** | 몸이 안 좋은
   I'm under the weather today. = 나 오늘 몸이 안 좋아.

④ **as cool as a cucumber** | 굉장히 침착한/침착하게
   I acted as cool as a cucumber. = 난 굉장히 침착하게 행동했어.

⑤ **blow off some steam** | 스트레스를 풀다, 화를 식히다
   You need to blow off some stream. = 너 화를 식힐 필요가 있어.

⑥ **pay an arm and a leg** | 큰돈을 쓰다
   I don't want to pay an arm and a leg. = 난 큰돈을 쓰기가 싫어.

⑦ **sell like hot cakes** | 불티나게 팔리다
   The book is selling like hot cakes. = 책이 불티나게 팔리고 있어.

⑧ **sit on the fence** | 중립적인 태도를 취하다
   I tend to sit on the fence. = 난 중립적인 태도를 취하는 편이야.

⑨ **go with the flow** | 대세를 따르다
   I'll just go with the flow. = 난 그냥 대세를 따를 거야.

CHAPTER 10 원어민 뺨치게 말하기 (2)

Chapter 9에 이어서 Chapter 10에서도 원어민들이 가장 많이 쓰는 다양한 관용적 표현들을 배워 보았습니다. 앞서 말했듯이 이 표현들은 기계적인 해석으로는 접근이 불가능하기 때문에 최대한 많은 예문을 보면서 그 느낌을 체득하는 것이 중요합니다.

① **spill the beans** │ 비밀을 누설하다
I won't spill the beans. = 난 비밀을 누설하지 않을 거야.

② **stab someone in the back** │ ~을 배신하다
They don't stab each other in the back. = 걔들은 서로 배신하지 않아.

③ **bark up the wrong tree** │ 헛다리를 짚다, 잘못 짚다
He's barking up the wrong tree now. = 걔 지금 헛다리 짚고 있어.

④ **beat around the bush** │ 빙 둘러 말하다, 돌려 말하다
Don't beat around the bush. = 빙 돌려 말하지 좀 마.

⑤ **cut to the chase** │ 바로 본론으로 들어가다
I want you to cut to the chase. = 난 네가 바로 본론으로 들어갔으면 해.

⑥ **twist someone's arm** │ ~을 설득/강요하다
You will need to twist his arm. = 넌 그를 설득해야만 할 거야.

⑦ **pull someone's leg** │ ~을 놀리다
Are you pulling my leg? = 너 나 놀리고 있는 거야?

⑧ **hit the nail on the head** │ 정곡을 찌르다
You really hit the nail on the head. = 네가 진짜 정곡을 찔렀어.

⑨ **on cloud nine** │ 정말 너무나 기분이 좋은
I'm on cloud nine at the moment. = 나 지금 정말 너무 기분 좋아.